沖縄の離島45

島のめぐみの食べある記

うさがみそーれ、島のめぐみ

阿嘉島

宮城島

竹富島

由布島

座間味島

久高島

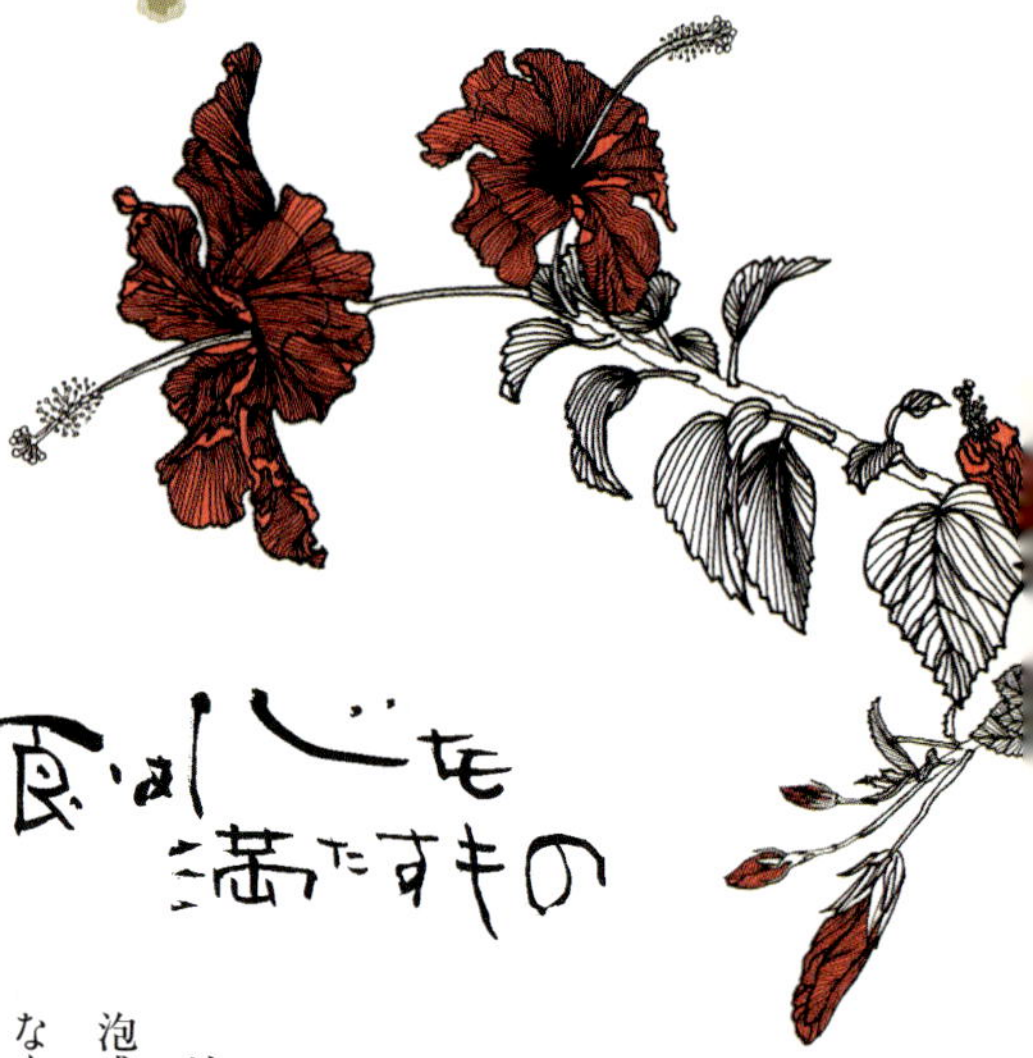

食は心を満たすもの

沖縄の食を考えた時、一般的にはゴーヤーやラフテー、沖縄そば、泡盛などが全国区で知られている。しかし、沖縄に来てみると、そんなものはホンの氷山の一角で、もっともっと生活に密着した、土地に密着した、人に密着した奥の深い食べ物が、たくさん埋もれていることに気がついた。

地図を見ればわかるように、東アジアの「へそ」は沖縄にある。このことからも、沖縄と周辺各国との交わりは、琉球王朝の時代からかつての日本国よりも濃厚で、その影響は食にも多分に残っている。それを認識した時、私の島めぐりは単なる観光気分ではなく、島の食を知りたい！という強い思いになった。

実際に足を運ぶと、あるわあるわ。ニンジンやジャガイモ、玉ネギなど、お馴染《なじ》みの野菜たちも、とても不思議なことに、島の魔法にかかると別物のようなおいしい味になる。

奄美諸島
沖縄県 >> P4～5
台湾

また、沖縄とひと口に言っても、本島、石垣（八重山）、宮古では同じものですら呼び方が変わったり、料理そのものも、例えば、沖縄そばのようにご当地のこだわりや違いが出てきたりする。なんて面白いのだろう！

そもそも、沖縄県には人が生活を営んでいる島が45もあるということに衝撃を受けた。日本は離島の多い国ではあるが、地図を広げて確認した時、愕然《がくぜん》とした。まさかのような本当の話。「どんな人がどんなものを食べて生活しているのだろう」。沖縄に対して、また、ワクワクする宝物を見つけた気分だった。

この『島のめぐみの食べある記』でピックアップした食は、よそいきの食べ物ではなく、島の人がいつも食卓に並べるような、生活に密

着したものを中心に並べてみた。だから、いつ行っても食べられるというものばかりではなく、一年中夏のようで四季のない島と思われがちなこの沖縄でも、食を通して四季を感じられるように、島の食の旬も追いかけてみた。

　本業が放送作家だった私は、東京での仕事の中で、テレビの料理番組もいくつか手掛けてきた。「料理バンザイ！」や、鉄人と言われたシェフたちの思い入れのある一品を紹介する「愛する人へ」などがそうだ。この時、食はお腹を満たすためだけのものではなく、見せ方や楽しみ方があるものだと深く認識したのだったが、沖縄の離島に渡ってみて、さらに、食は心を満たすものという思いを深めることができた。いずれの食にも、その島のその人の温かさや、人への思いやりが溢れている。食を通してまた、沖縄の違った魅力を感じることができた。

　ガチマヤー（食いしん坊の意）精神でめぐってできたこの本のテーマは、「うさがみそーれ（召し上がれ）、島のめぐみ」。行った気分になって読んでいただけたら幸いです。

沖縄の離島45

島のめぐみの食べある記

目次

本島周辺エリア

本島から橋つながりの島や、船でちょっと出掛ける島

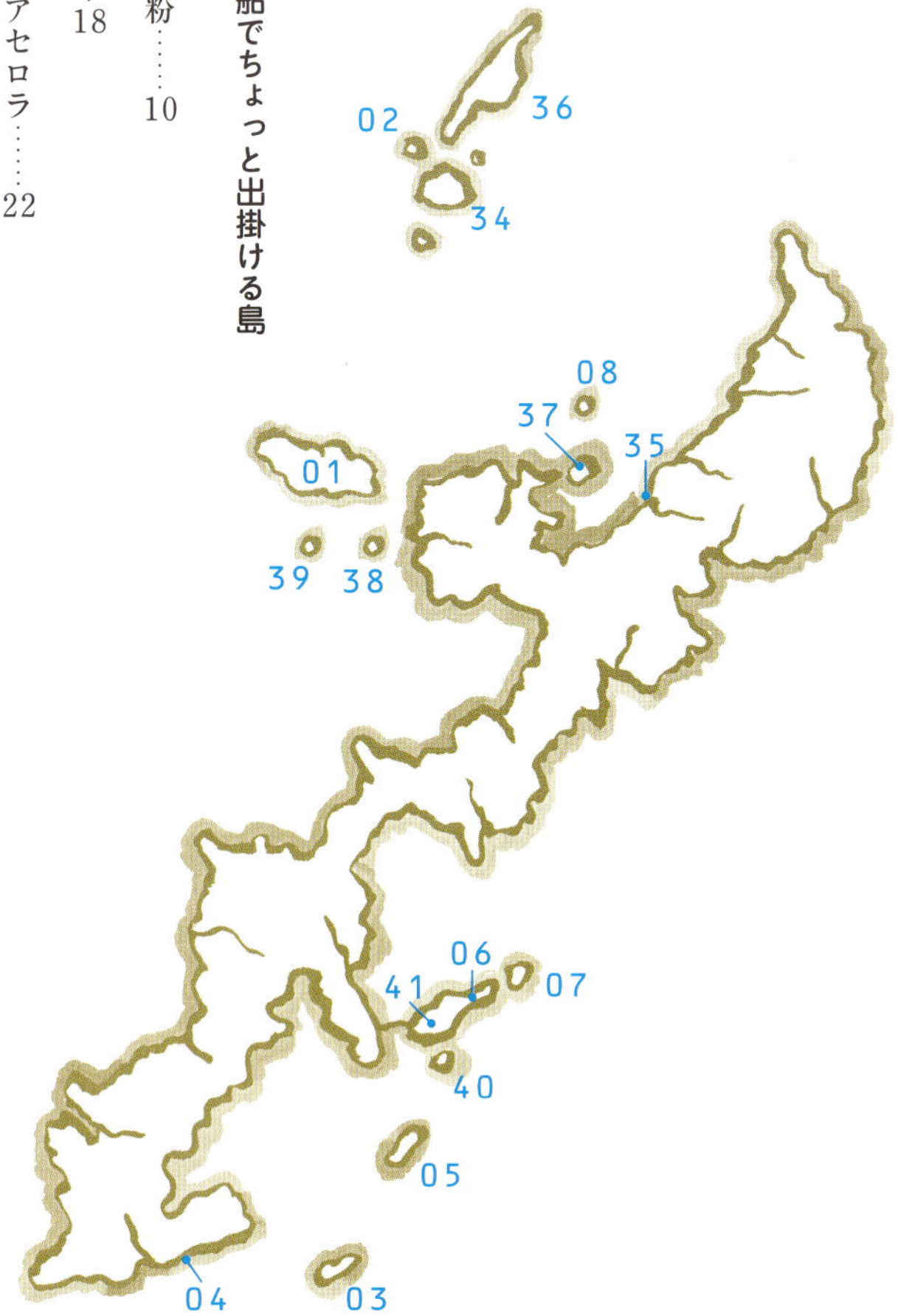

慶良間諸島エリア

海遊びを満喫できる、本島近くの島々

久米島周辺エリア

本島からやや西に離れた、個性的な島々

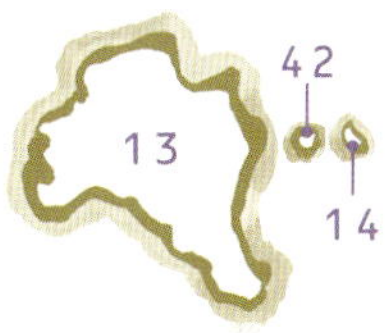

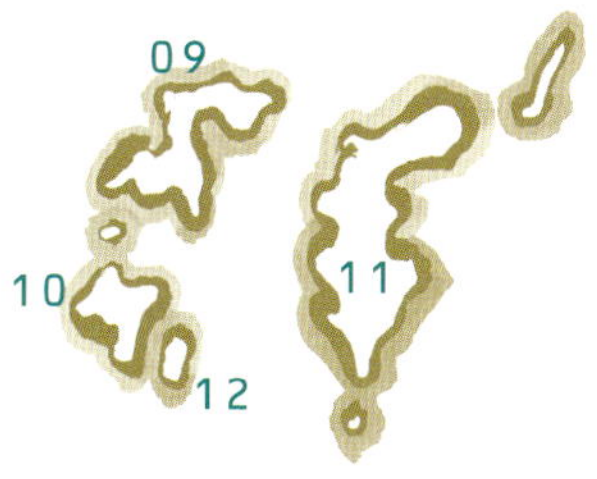

大東諸島エリア

本島から東に遠く離れた、絶海の孤島

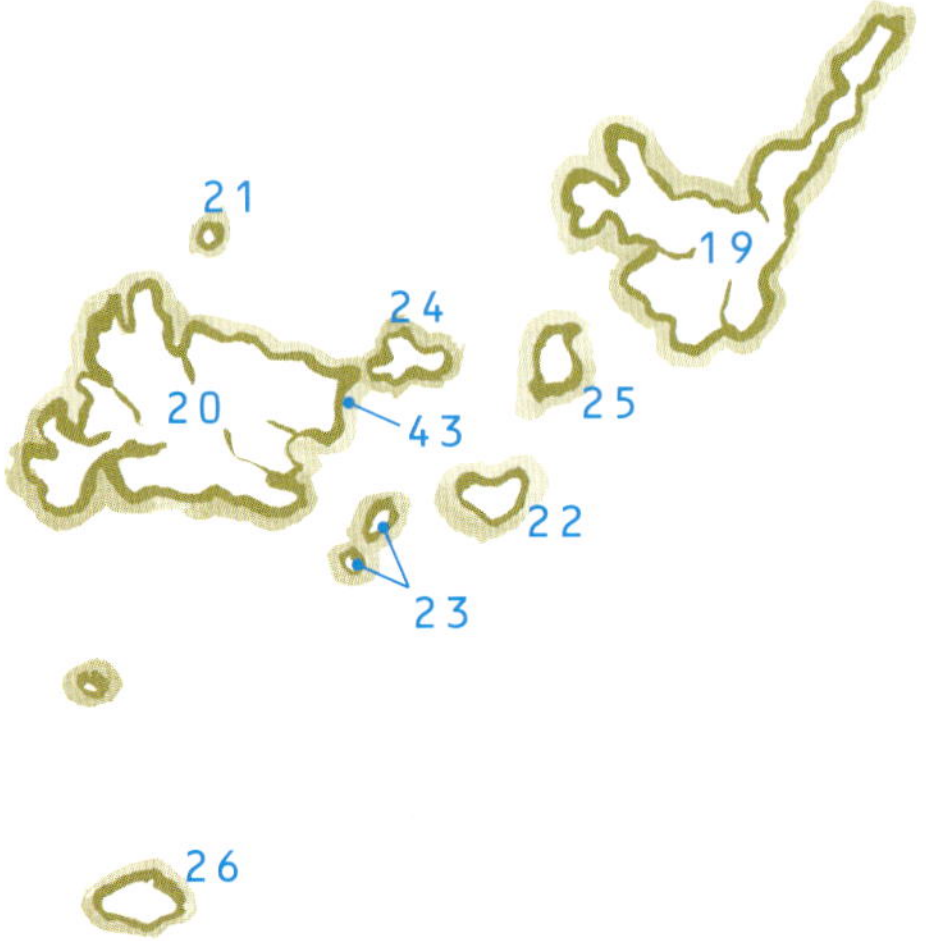

八重山エリア

最西端で独特の文化を持つ、八重山郡の島々

宮古エリア

八重山のやや本島寄り、宮古島を中心とする島々

●この本では、沖縄県の指定離島一覧にある有人離島（本島と橋などで連結されたものを含む）で、人が生活していることが確認できた島45を取り上げています。
●各島の人口・面積は沖縄県の住民基本台帳（平成20年3月31日現在）と国土地理院の資料（平成19年）などを参照して記載しています（人口は以下のものを除く）。宮城島（大宜味村）は大宜味村住民基本台帳（平成21年3月31日現在）より、古宇利島は今帰仁村人口集計表より（平成21年2月末日現在）より、屋我地島は名護市市政要覧（平成15年）より、瀬底島は本部町住民基本台帳（平成21年3月31日現在）より、宮城島（うるま市）・平安座島・浜比嘉島・伊計島はうるま市住民基本台帳（平成21年3月31日現在）より、奥武島（南城市）は南城市住民基本台帳（平成21年3月31日現在）より。
●この本の内容は、２００３年３月～２００９年３月の取材をもとに、全編書き下ろしたものです。

好きな時に食べて好きな時に寝る、ストレスフリーの伊江牛。

伊江島《いえじま》

のびやかな島で
ストレスなく育てられた
おいしい和牛

#01 Iejima

伊江島

国頭郡伊江村《くにがみぐんいえそん》

本島周辺エリア

人口　5,007人

面積　22.77㎢

位置　沖縄本島北部・本部半島の北西、約5㎞

交通　本部半島・本部港よりフェリーで約30分。
那覇空港より伊是名島行きセスナ機で25分（チャーターも可）

宿泊　ホテル、民宿、ペンションあり

見所　伊江ビーチ、城山（ぐすくやま）、湧出（わじー）

問い合わせ　伊江村商工観光課

☎0980-49-2906

http://www.iejima.org/ieson

左／島内の食堂で食べられる伊江牛の煮込み。　右上／名嘉（なか）さんが自分で捌（さば）いた伊江牛は特別だ。　右下／伊江牛を買うことのできる港の物産センターでも、ハンバーグはすぐに売り切れになる。

伊江島名物、ピーナッツの甘納豆と塩ゆで。おいしくて止まらない！

左／あちらこちら散策して見つけたギンネムの道。道の向こうは海につながっている。　右／島内の名所のひとつ、湧出。波打ち際から湧き出る泉は島の重要な水源。島の泡盛もこれで仕込む。

伊江島に行ったらやっぱり伊江牛！

本部《もとぶ》港から船で30分。近頃沖縄の船は高速船が多くなったので、あっという間に着く島が多くなったが、伊江島往復の船はカーフェリーなので高速とはいかず、ちょうどいい30分という乗船時間で渡ることができる。車を止めてデッキつきの2階に上がり、船内の売店で買ったコーヒーをサロンのようなソファーに腰掛けて飲むと、飲み干したくらいで下船の音楽が流れる。さぁ、到着だ。

嫁ぎ先のある石垣島《いしがきじま》を除くと、私はここのところ、この伊江島に一番よく足を運んでいる。それは島の大きさが小さくもなく大きくもなくちょうどいいのと、何よりおいしいものがたくさんある面白い島だからだ。ガチマヤー（沖縄の方言で食いしん坊の意味）の私は、伊江島に行くたびにスーパーやら近くの畑やら、港にできたズラリと特産品の並ぶ売店やらを丹念にのぞくのだが、そのたびに気になるものが見つかる。そんな中で、今や島に行くと必ず買い込む食材のひとつが「伊江牛」だ。これがなんともおいしい。いわゆる神戸牛のような芸術的なさし（霜降り）の入った牛肉とは違うが、島人《しまんちゅ》と同じく島育ちの素朴さがおいしさに表れている。よく、旅に出掛けると「これを食べずに帰るわけにはいかない！」という思いになるが、私にとってはまさにこの伊江牛がそう。フェリーに乗る前から、晩ごはん用にお腹は伊江牛モードになる。

さて、島にはそんな伊江牛のオーナーに、名嘉健二《なかけんじ》さんというただならぬ若者がいる。修業のために10年ほど大阪で勉強して4年ほど前に戻ってきたとのことなのだが、牛を飼育するだけでなく、驚くことに自分で捌《さば》くこともやってしまうと聞き、牛舎を訪ねてみた。

伊江島は比較的平坦な島なのでレンタサイクルで回る観光客も多いが、自転車で回るには大きいと思う。観光案内には「時間にゆとりがあればレンタサイクルで、移り変わる田園風景や史跡・名勝めぐりを楽しんでください」とあるが、私にはかなりきつい。牛舎も島の西の端（伊江島灯台の方角）にあるとのことだったので、何の迷いもなく車で出掛けた。

名嘉さんの牧場は村の畜産センターのほど近くにあった。牛舎は、牛が眺めているかは定かではないが、贅沢にも海が見える向きに建てられている。羨《うらや》ましい！　そして、その名嘉さんと挨拶もそこそこに牛談議に興じていると、彼の話についつい引き込まれ、立ち話であっという間の2時間が過ぎた。

島の牛たちはその昔、広島からやってきたそうで、現在4農家が育てている。伊江島でも子牛たちは生まれるとセリにかけられて県外に（名嘉さんの子牛たちは主に東北の牛の名産地に）売られ、国産の黒毛高級牛となって高値がつけられる。一方、島で今、食べられているのは「経産肥育牛」といって出産を重ねた牛。一般的には、若い牛と比べると出産回数を重ねるほどに肉質は固くなるため、安く取引されてきている。しかし、それも育て方次第。経産肥育牛だからといってそれなりに育てるのではなく、手塩にかければ、それが案外、若い牛より旨みが出てくるというのだ（若いだけがすべてじゃない！と喜んだのは私だけ!?）。さしの美味《うま》さではなく、赤身の美味さ。肉そのものの味を堪能できる。しかも、おいしさの秘密は育て方だけではなかった。名嘉さんには他の農家さんにはまねできない技があったのだ。

島の畜産業を引っ張っていく、頼もしい名嘉健二さん。

おいしい伊江牛は 地元の人に一番食べてもらいたい

名嘉さんは、牛を捌く技術を大阪での10年の修業の中で身につけたという。自分で捌けるから、精肉になるまで肉のおいしさに直面できる。これが他の農家さんにはまねできない技。輸入牛を含め、解体直後にすぐ冷凍して流通に乗せるというのが一般的。しかし、肉の旨みを追求するなら、まずは1〜2週間寝かせてアクと共にいらないドリップを除いてから成形し、冷凍するほうがいいのだという。もちろん、名嘉さんの伊江牛はそうしている。だからよりおいしいのだ。脂に頼らない柔らかさも肉に出る。普段、スーパーに並んでいる精肉がどんな工程を経てカットされているかなんて知る由もなかったが、育てた農家さんがその手でカットするなんて、これ以上の安心はないだろう。

　そんな彼の一番の願いは『島内消費』だという。島のある調査で、島内の子供たちに「伊江島の牛肉を食べたことがある人」

左／島で収穫した小麦の穂。ひと握りの種から増やした話は感動だ。　右／読谷村（よみたんそん）にあるこだわりのパン屋「麦焼屋」でも使われている。

儀間武子（ぎまたけこ）さんの無農薬の小麦粉。大量には栽培できないので貴重品だ。

#01 Iejima

伊江島

「みそぴー」の生みの親が作る、沖縄では珍しい小麦の粉もの

島のシンボル、標高172mの城山（伊江島タッチュー）。神の山でもある。

上／ムジヌフてんぷらはこの島でしか作られない。野菜入り・フリッターの衣だけといった感じ。　下／武子さんの畑で採れたピーナッツ。お茶うけとして塩ゆでして、紙を折った殻入れと一緒に出してくれた。

というアンケートを取ったところ、何と90パーセントもの子供たちが口にしたことがないと答えたという。これにはかなりショックを受けたようで、島の子供たちにとにかく食べさせたいという気持ちが強くなった。

そこで名嘉さんが考えたのが、子供たちも大好きなハンバーグへの加工だった。沖縄で4業者、大阪で2つの業者にテストさせてみて、最終的には大阪の業者に任せることにしたという。名嘉さんのこだわりは、とにかく肉のおいしさを十分に引き出すこと。味つけは極力シンプルにした。そして、どのソースにも合う、ソースを立たせるような１００パーセント伊江牛ハンバーグに仕上げることだった。これは限られた業者にしかできない逸品。どれだけ投資したことか、ようやく販売に辿り着いた。そしてその結果はご想像通り。沖縄県内のビッグイベント「離島フェア」に出店して売り切れ、伊江島の港にある物産センターに置くも売り切れ、島のホームページのお取り寄せも売り切れ。じつはまだ私も食べられずにいる。次の入荷が待ち遠しい！

ところで、話の中で私は名嘉さんに恥ずかしい質問をしてしまった。「やはり塩・こしょうが一番ですか？」と。すると「それはね、テレビの見過ぎです。塩・こしょうが美味いという人が多いけど、それは本当にテレビの見過ぎ」と、何度もテレビの見過ぎを指摘されてしまった。「どんな味つけがおすすめですか？」と聞けばよかったのに……と思っても、もう後の祭り。恐る恐る再び質問して名嘉さんに教えてもらったおいしい食べ方は、「醤油」。塩を振ると、和牛のおいしい香りが消えてしまうというのだ。なるほど……。

日本各地のこだわりのパン屋さんから注文の入る小麦粉

私が伊江島に初めて来て、初めて買って帰ったお土産は小麦粉だった。沖縄で小麦が作られているなんて見たことない！と、驚いて買ったのをよく覚えている。しかも、メリケン粉と

儀間武子さんはアイディアをすぐ実行に移す、パワー溢れるおばぁだ。

よく呼ぶあの真っ白な粉ではなく、何か茶色いものがブツブツと入った小麦粉。よくよく考えたらグラハム（全粒粉）だとわかったが、何やらすごいものを見つけた思いだった。その後、どの島に行ってみても島で小麦の粉ものは見当たらない。どうやら伊江島ならではの特産品だということがわかった。

港の物産センターに行くと3種類の粉ものが並んでいた。島の特産品の活性化に力を注いでいる伊江村役場の松本壮《まつもとつよし》さんの説明によると、パンの材料にもなる「ニシノカオリ」という小麦の品種をこの島に取り入れたおばぁがいるというので、会いに連れていってもらった。島のシンボルであり、島の守り神であるタッチュー（城山《ぐすくやま》）の麓にあるホテルを営んでいる、儀間《ぎま》武子《たけこ》さんがその人であった。

武子さんは伊江島特産の落花生を、島で初めて畝を作り育てて成功した人で、生産が追いつかないほどお取り寄せでも人気の「みそぴー」（ピーナッツに沖縄の油味噌をからめたもの）を作り出したことでも知られている。

そんな武子さんは何十年も昔に、農薬の本をたまたま読んだという。そして、それがどこか頭の隅に残っていたのであろう、ある番組で外国からの輸入小麦にたくさんの薬が撒かれているのを見た時に、その本を思い出した。家族やホテルのお客様には安全なものをと思い、「ニシノカオリ」を譲ってもらえないかと農業研究センターに問い合わせ、ひと握り、２００グラムの種をもらった。伊江島では、戦前から薄力粉用の小麦の栽培（当然のように無農薬・有機）は行われていたが、ホテルに宿泊したご老人が「これでパンも作れますか？」と尋ねたのがきっかけで、強力粉になる小麦も作りたいと思っていたのだ。作付けの翌年には５００キロの収穫。有機栽培の武子さんの粉ものは知る人ぞ知る小麦粉になり、県内のみならず、東京のこだわりのパン屋さんからの引き合いも増してきているという。とにかく、武子さんの粉を使ってパンを作ると香りがいいと評判だ。

客人のおもてなしにと、伊江島の粉で作った伊江島だけの郷土料理「ムジヌフてんぷら」（てんぷらといってもエビのように具があるわけではなく、その粉に卵などを加え、ニンジンなどお好みの野菜を加えて揚げたもの）と、自家製のピーナッツが殻入れと一緒にテーブルに並べられた。武子さんが子供の頃のおやつにもよく食べたというムジヌフてんぷらは、昔は大切な栄養源だった。しかも、油で揚げてあるので腹もちもいい。ハルサー（畑仕事）の時のお弁当にもいいなぁ……などと、思いをめぐらせてみた。

完全天日干しの「野甫の塩」の工場。
海水を噴霧して風の力で濃縮する。

左／野甫大橋から望む透明度抜群の海。モズク漁の船は朝早くから海に出る。 右下／展望台から見下ろすと集落の様子がよくわかる。奥は野甫大橋。

野甫島《のほじま》

伊平屋島との架橋を渡ったら
そこはまったくの別世界。
干し大根が揺れる島

野甫島

島尻郡《しまじりぐん》伊平屋村《いへやそん》

本島周辺エリア

人口　117人
面積　1.06㎢
位置　沖縄本島北部・本部半島の北、約33km。
　　　伊平屋島の南西に隣接
交通　伊平屋島より野甫大橋で渡る陸路。
　　　伊是名島よりチャーター船で約15分
宿泊　—
見所　野甫大橋、ジューマの海、シマサキ海岸景勝地
問い合わせ　伊平屋村役場むらおこし課
☎0980-46-2834
http://www.vill.iheya.okinawa.jp

野原ばかりだから野甫島と名づけられたと聞く。島の中ではこぢんまりとした畑が目についた。

上／冬に大根を収穫すると、保存用に天日干しする。島のおばぁは細長くスライスして干すほうが上等だと言っていた。 右／少し小ぶりの大根だったのか、長くスライスはできなかったようだ。

橋の途中の中央線上に停車している白い車

前日、本島の北に位置する伊平屋島《いへやじま》に入った私は、翌朝早く野甫島に渡った。渡ったといっても橋でつながっているので、伊平屋にいたらいつでも行くことができるのだが、何となく気持ち新たに行ってみたくて、日を仕切り直して出掛けた。

翌日の早朝、いよいよ野甫島だ！　橋の向こうはどんな景色なんだろう。初めての島は、この期待感が楽しい。そして、これまでその期待を裏切られたことはない。沖縄の島は、本当にどこもそれぞれの島の顔があって興味深い。どれも唯一なのだ。さぁ、お天気もいいぞ！　かなりいいテンションで、伊平屋と野甫の架け橋・野甫大橋にさしかかった。

気分よく車を走らせていると、驚いたことに中央線に白い車が一台止まっている。なぜ？　事故車？　野甫島側から来る車はその白い車を気に留める様子もなく、通り過ぎていく。よく見ると、窓は全開。なんだか気になって、様子を見に行くことにした。すると、運転席に一人のおじぃがうずくまっている。急病!?　高いびきだから脳梗塞!?　私は声を掛けようとして車内をのぞき込んだ。そこで、状況がよくわかった。「うわっ、お酒臭い！」。そう、ただの酔っ払いで、運転をやめて寝たに違いない。あー、びっくりした。でも、おじぃの車はまさに中央線上。路肩にでも移動したほうがいいのではと懸命に声を掛けたが、無駄だった。あとで、野甫島でその話をすると、いつものことなのだと島の人は笑っていた。

橋の上での思いがけない出来事も一段落すると、橋の左側から船の音が聞こえた。目をやると、モズク漁に出掛ける船であろうか。そこで、初めて橋から見える海の美しさに気がついた。なんてきれいな青！　止めてあった車に慌ててカメラを取りに戻った。この時に撮った写真は、私の中でもお気に入りの景色。中央線上におじぃの車が止まっていたからこそ、出会うこ

おばぁからごはん（草）をもらうのを、のぞき込んで待っている様子が何とも可愛らしいヤギ。

とのできたシーンだと、まだおやすみ中のおじぃに感謝した。こういうのって楽しいなぁ。

のどかな沖縄の田舎の景色が広がる

島に入るとすぐのところに集落が密集している。ここは車を降りて歩いたほうが楽しそうだ。集落の中は、細い土の道が多い。何だかとっても風情があって、いい感じ。観光客の姿も見えない。空気も何もかものんびりとしている。まだ、こんな島が沖縄に残っていたのだと思うと、感慨もひとしおだった。しばらく歩いていると、何やら白いものが干してあるのを遠目に見つけた。何だろう。よくよく見ると大根だ！　へぇ、大根を干しているなんて！　最初に見つけたのは、輪切りでスライスしてあるもの。大根を干すなんて、私の勝手なイメージの中では東北地方の食の姿だったので、南の島でもやっていることにびっくりした。

感心しながらそれを眺めていると、後ろから声が掛かった。「先生、それよりこっちのほうが上等さ」。振り返ると、おばぁが指をさしていた。私が懸命に撮影していたから、先生と呼んだのだろうか。「先生、大根は細くして干さなきゃだめさぁ。こっちのを見て、見て」。おばぁについていくと、なるほど、まるで違う形状で細長くカットされている。確かに、一般の切り干し大根などは細長い。「写真、撮ってもいいんですか？」。その細長い大根は人の家の庭に干されていたので、躊躇《ちゅうちょ》していたら、「大丈夫、大丈夫、親戚の家だから」と勧めてくれた。

そののち、しばらくおばぁと話をしていると、私たちの声が響いたのか、あちこちからおばぁが会話に参加してきた。2人3人と増えて、果ては道と畑をはさんで大声で話さないと聞けないような家の縁側にいたおばぁも、話に交ざってきた。野甫島のおばぁはくったくがない。観光客がどんどん小さな島にも足を運ぶようになって、島の人は少なからず構えるところが見え隠れする時もあるが、ここではまだそんなこともない。

おばぁたちの話の最後は、明日、干し大根で料理をしようかということで盛り上がった。教えてくれたところでは、水で戻してから、大きめのものは煮つけに、細切りのものはクーブイリチー（昆布の炒め煮）などに使うという。個人的に、昆布との組み合わせは逸品だと思う。ご飯にも、酒の肴にも、お弁当にもよく合う。

残念ながらその日の船で戻ることになっていたので、おばぁと作る大根料理大会は見送りとなったが、その気持ちが何よりとても嬉しかった。

久高島《くだかじま》

神の島で伝えられてきた
神の使い、イラブーの漁と
滋養のあるイラブー汁

#03
Kudaka
jima

丸めて燻製にするのは携帯に便利なため。那覇（なは）の公設市場などでは、料理するのに扱いやすい、まっすぐなものも売られている。

久高島

南城市《なんじょうし》

本島周辺エリア

人口　270人
面積　1.38㎢
位置　沖縄本島南部・知念半島の東、約5km
交通　知念半島・安座真港より高速船で約10分
宿泊　民宿あり
見所　イシキ浜、久高殿（くだかどぅん）、
　　　外間殿（ほかまどぅん）
問い合わせ　久高島振興会
☎098-835-8919
http://www.kudakajima.jp

左／イラブー汁は最高の滋養強壮料理。残さずお腹に収めたい。 中上／大根や昆布と煮込むのは、イラブーで上がる血圧を抑えるため。 中下／捕まえたイラブーを入れておく場所。ここで数か月は生きている。 右／イラブー汁を食べた、島の食堂「とくじん」。

上／久高島は旧正月を盛大に祝う。その旧正月の三が日に豚を食べる習慣はいまだない。 右／島の神事は年間28回という多さ。

10年以上途絶えていたイラブー漁の復活

久高島は琉球の創世神・アマミキヨが天から一番最初に降り立ち、そして国づくりを始めた島とされている。いわば沖縄の聖地。ちなみに、降り立った場所は島の北の端にある「はびゃーん（カベール）岬」ともいわれ、海神が白馬の姿で現れたと伝わっている。だから、今でも島のお祭りの日にここに立ち入ることは禁止。とにかく、沖縄にとってとても意味深い島なのである。

私は神様に通じる力もないし、近づける立場でもない。でも、琉球の神様には礼を尽くし、敬う気持ちだけは持ち合わせているつもりだ。だから、東京から沖縄に越してくる時も、誰よりも先にこの島に、「お邪魔します、お世話になります」とご挨拶に行った。また、今回のこの本の執筆に関しても、一番最初に取材を兼ねて足を運んだのが久高島だった。

久高島のイラブー漁が復活したことで、島に元気が戻る。

さて、そんな久高島には「イラブー汁」という琉球王国からの伝統料理がある。これはイラブー、つまりは「エラブウミヘビ」を汁仕立てにしたもので、かつては宮廷の高級料理とされ、庶民の口に入るものではなかった。しかしその後、伝統的にも薬効が立証されているところから、滋養料理として病後・産後などに食べられるようになった。ただ、ウミヘビという見た目のグロテスクさから「げてもの」扱いをするような人がいるが、それはバチあたりというもの。イラブーがどんな生き物で、イラブー汁がどんな食べ物かをよく知ると、見方や味わい方が変わる。

久高島は聖地とされているように、神事・祭事が多い。また、人も神様のもと、いろいろな役割を担うことが多い。その中に「ハッシャ（村頭）」という役割がある。ハッシャは神ではないが、一年間を通して行われる祭事を人間として支える。

イラブー漁もこのハッシャがいないと始まらない。なぜなら、イラブー漁は久高島においてとても神聖なもので、特別な者しかこれに携わってはいけないという決まりがあるからだ。ハッシャはその任務にあずかる大切な存在。しかし現在、琉球王朝時代からの神女《かみんちゅ》組織で執り行われてきた制度が崩れ始め、また、本来は手づかみで捕まえるイラブーを、心ない人間がその通り道に網を仕掛けたために数が減り、捕れなくなるといった残念な事態が続き、十数年前にハッシャが不在になった。このままでは島の大切な伝統・文化が途絶えてしまう！　そこで島民たちが立ち上がったのだった。

２００５年、まずは代行という形で、そして２００７年には正式に、ハッシャが復活した。まさに古くて新しい島の未来が始まったといえよう。引き受けたのは、内《うち》間《ま》豊《ゆたか》さんという人物だった。内間さんは少し前まで島の外に出て働いていた。だから、島に戻ってきた時に、今にも消えていきそうな島の伝統や文化がどれだけ大切で継承すべきものか、より強く認識したのだった。話をしてみると、聞きたいこと、教えてもらいたいことなどが次々と出てきて止まらなかった。

そんな中で最も印象的だったのが、「このイラブー漁を復活させて、実際に携わって、本物の島の人間になれた気がする」との言葉。島で生まれて60年以上経っているというのに、やっと今、そう実感したというのだ。

イラブーがあって、久高がある

特産物や名物という表現があるが、久高島のイラブーに限っては、その呼び方はふさわしくない。イラブーは島そのものだから、ニュアンスがちょっと違う。

久高島というと、12年に一度のこの島独特の神事（イザイホー）がよく取り上げられる。残念なことに、今ではその継承者「ノロ」が途絶えてしまったのでもう見ることはできないが、内間さんの言い方を借りれば、そもそもこれは琉球王国時代に王府より任命されて遣わされたもの。つまり人間がしていることで、神様そのものではない。でも、イラブーは神様からこの島への授かりもの。その命をいただくということはそれこそが神聖なことで、これが存在して初めて神事がある。だから、今後の久高の継続のためには、イラブー漁を復活させることに意味があるというのだ。

漁の時期は旧暦6月から大晦日までと決められている。漁はガマ（洞窟）ですると聞いていたが、果たしてどんな場所なのか？　私が立ち入ることができるのか（久高島にはやたらに立ち入ってはいけない神聖な場所がたくさんある）？　ひとしき

この湾にイラブーは産卵のために戻ってくる。何を頼りに泳いでくるのか、謎は多い。

内間豊（うちまゆたか）さんはこのガマでイラブーを待ち受け、素手で捕まえる。大人一人がやっと入ることのできる狭さだ。

#03 Kudaka jima

久高島

消えていきそうな島の伝統や文化を大切に継承する人がいる

イラブーに関わることは神事。その証拠に、左の燻製小屋（タルガナー）は神様の建物（右）の隣に作られ、祭事の時には神の世界とこの世の境目になる。後ろの森は聖域なので立ち入り禁止。

右中／アセロラの木は幹を傷つけることによって、よりおいしい実をつける。　右下／島でもらったアセロラのリカー。もう7年ものになり、味もかなりまろやか。　左／島に広がるアセロラ畑。実を摘みやすくするため、あまり高くしないように調整。防風用に月桃（げっとう）を植えている。

り話を終えると、遠慮気味に、まずは捕まえたイラブーを加工する場所を案内してもらえるか尋ねてみた（ここも特別な場所のはずなので、私が立ち入れるのか心配だった）。すると、内間さんのほうから「ガマへも連れていってあげる」と切り出してくれた。なんて幸せ！　喜び勇んでその場所に向かった。

　イラブーを捕るガマは崖っぷちにあった。きれいなコバルトブルーの海を指差し、その彼方《かなた》（我々が存在するのとは別の世界「ニライカナイ」）から、ここを目指して泳いでくるのだと説明してくれた。そして、険しい崖を下ると、大の男がやっと一人入ることのできるくらいの隙間が見えた。その隙間の奥は潮が満ちると海水が入ってくる場所で、イラブーはそこに産卵するためにやってくるのだという。内間さんはその時を待ち伏せるのだ。しかも、毒があるというのに素手で捕まえる。

　ガマには日没あたりから日が昇るまで籠《こ》もるそうだが、真っ暗な夜の闇の中、たまに遠くを通る船の明かりにほっとすることもあったという。内間さんはそんな風にイラブーと向き合う時間を、神様が与えてくれた時間だと言った。数か月の間、ガマで一人過ごした時間。ある人が一晩付き合ってこう言ったそうだ。「これはイラブー漁じゃなくて修行だ」。どんなことを考えていたのであろう。もし許されるのなら、次の漁の時には私もガマでイラブーが来るのを待ってみたい。

島のハッシャとしてイラブー漁に携わる内間豊さん。イラブーの粉末も開発中だ。

　島ではその昔、はやり病の頃と、夏バテ防止のために夏前と、年に2回、イラブー汁を食べさせてもらったという。かつては久高の家庭料理として、それぞれの家でも作られていた。私も沖縄に越してきて間がない時、あるおじぃに風邪をひいたと伝えたら、これを持ってきてくれたことがあった。効果は絶大。それに、味もカツオのだしがきいていておいしかったのを覚えている。

　今回、島に行った時に食堂で改めて食べてみたが、内間さんの話を聞いた後だったので味わいもひとしおだった。食堂の人に聞くと、「イラブーは丸ごと食べる人もいれば、手をつけない人もいますよ」とのこと。私は皮も肉も内臓も骨もバラバラにして観察しながら、全部口に運んでみた。骨はよく噛まないと飲み込みにくいが、どれもいける。ありがたく胃に収めた。

久高の大地が生んだ赤い実、アセロラ

ここ、久高島の土地は、村の所有地を除いてすべて共有地とされている。それは琉球王朝時代からの地割《じわり》制度が沖縄で唯一残っているからで、わかりやすく説明すると、島の土地はみんなの共有財産で、個人には使用権が与えられる。だから、外部の資本が入ることができず、いい意味で島を守ることができている。

アセロラはそんな久高の土地で、近年栽培されるようになった新しい果実である。沖縄には昭和33年に一度導入されたのだが、着実性が悪く、その時は盆栽用でとどまってしまった。その後品種改良が進み、昭和57年頃に再び栽培のブームが起こったが、鮮度が落ちやすいことからまた定着せず。そして今回三度目の正直ということで、久高島での栽培が始まった。もちろん、目指すは島おこし。「島に人を増やしたい」。まずは３０００本の植え付けから始まった。そしてだんだん増えていき、無農薬・有機栽培で７０００本まで広がった。その頃私は島の知人からアセロラの話を聞き、ちょうど花の咲く頃に見に行ったのだった。

初めて見たアセロラの畑は、小さな葉をたくさんつけ、整然と並んでいる様子がどことなく茶畑のようにも思えた。でも、台風などの防風用にと畑の周りを囲むように植えられた月桃《げっとう》が、本土でよく見る茶畑との違いを伝えていたのだった。そう、ここは南の島。3度目の導入の直後、次の世代でも構わないから、島にアセロラの加工所ができるまでになってほしいとの願いを聞いた。しかしその夢はもう現実になった。２００９年の年明け、島に行ったらすでに加工所が出来上がっていた。果たしてどんなものが作られるのか、楽しみである。アセロラケーキやパンなどを作る予定と聞いている。

それからこれは農家さんならではの食べ方なのだが、若葉の頃、その若葉を摘んでてんぷらにすると聞いた。その時期になったらおいで!と言ってもらったので、今から楽しみである。きっと、沖縄の初夏の味がするに違いない。

久高島で育ったアセロラは粒も大きく、ビタミンCなどの含有量も多い。他の場所で栽培されたものと比較すると歴然として違いが出るのだが、不思議な話だ。神の島だからと誰かが言ったが、案外そうかもしれないと思ってしまう。

奥武島《おうじま》（南城市）

沖縄で唯一鎮座する中国からの贈り物の観音様が見つめるアーサー

奥武島

南城市《なんじょうし》

本島周辺エリア

人口　974人

面積　0.23㎢

位置　沖縄本島南部・玉城地区の南に隣接

交通　玉城地区より奥武橋で渡る陸路

宿泊　民宿あり

見所　グラスボート、観音堂、トビイカ干し（9月～11月）

問い合わせ　南城市観光・文化振興課

☎098-947-1100

http://map.city.nanjo.okinawa.jp/kankou

右／塩味のついたアーサーを岩から剝（は）がしながら、ビールのつまみにするのも最高！　左上／軽く乾燥させたら冷凍保存もできる。

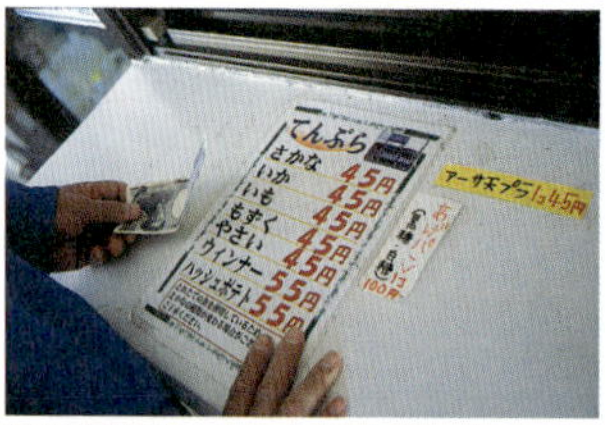

左中／この値段だから、おかずにおやつにと40～50個買っていく人も珍しくない。　左下／アーサーのてんぷらは、揚げても海の味がばっちり！　それがおいしさの秘密。鮮やかな色も食欲をそそる。

上／潮が引くと、あちらこちらから人が摘みに来る。アーサーをアオサと呼ぶこともあるが、正確にはヒトエグサ。　右／よく砂を落とさないと食べた時にジャリッ！

島の小さなてんぷら屋さんと沖縄の新春の味・アーサー

沖縄本島の南部のおすすめドライブコースの中に、この奥武島がたびたび取り上げられている。わずか１００メートルという短い橋で本島とつながっているので行きやすいのも確かだが、目的はてんぷら屋である。おいしくて安いと評判なのだ。もともと島の人や近所の人が普段食べるために開いていた店なのだが、地元の評判を聞きつけて、観光はもとより、週末のデートコースやファミリードライブなどでも人気になっている。だからいつ行っても行列。小さな島の小さな店なのにすごいことだ。

実際に、一度食べるとまたわざわざドライブしてでも食べたくなる。沖縄のてんぷらはポッテリとした衣が特徴だ。サカナてんぷら、イカてんぷら、モズクてんぷらに、紅芋《べにいも》てんぷら。いずれもひとつから買うことができて、1個当たり50円前後。しかもおいしい。たくさん売れるからきっと油もいいのだろう。

そのてんぷら屋さんに、あるものが旬の時には絶対食べに行くのだが、それは「アーサーのてんぷら」だ。アーサーはヒトエグサ科の一年藻の海藻で、その旬は2月から3月にかけて。まさしく沖縄の春の味なのだ。てんぷらにしてもアーサーの海香りが消えることはない。うーん、幸せ！　そんな気持ちになる。まぁ、沖縄のてんぷらは衣が分厚いので歯ごたえを楽しむには至らないが、塩味も効いてそのままビールのおつまみにはもってこいだ！　ドライバーでなければ、島内のベンチや海沿いに腰をおろして太平洋を眺めながら、ぜひ。もしくは島内を散歩しながらでも。島は車だと5分もかからずに回ることができてしまうので、少し歩くのもいいだろう。

ところでそのアーサーだが、島のおばぁの横に並んで、アーサー採りをさせてもらったことがある。「なるべく薄く剥がすのがコツよ」。まだ風が少し肌寒く感じられる、大潮の夕方のことだった。見よう見まねで始めた私のアーサー採りは、どうやら不合格だったようだ。跡形もなく一度にペロリと剥がしていたが、実際は何枚も薄く張りついているので、それを1枚ずつ剥がせということらしい。うわっ、これがけっこう難しい。面倒臭がってはいけないのだ。しかも根気がいる。短気で指の太い人はきっと大変だろうなぁ……などと考えながら、しばらく頑張ってみた。

奥武島のアーサーは香りがいいとおばぁが言う。どこで聞いてきたのか、その理由は島の周りにいいリーフ（サンゴ礁）があるからだそうで、いいサンゴがたくさんあると香りもよくなると誇らしげだった。確かにその通り。奥武島のアーサーは評判がいい。

沖縄では貴重な観音様が見守る島

島には観音様がいる。沖縄ではとても珍しいことだが、そのいきさつは17世紀にさかのぼる。ある荒天の日、見たこともない唐の国の難破船が漂着した。暴風のせいで島の西側の海岸に流れ着いたのだった。奥武島の人は見捨てるわけもなく総出で彼らを救出し、手厚くもてなしたという。すると唐の人はたいそう喜び、そのお礼にと黄金の観音様を送ってきた。これはありがたい。そう思った島の人たちは、観音堂を造って集落の守護神にした。だからこの島には観音様が今もいる。

奥武島の人たちはこの観音様をずっと大切にしてきている。それは観音堂に足を運べばよくわかる。当時の黄金の観音様は戦争で失われてしまったために、代わりの陶製のものが祀られているが、そのお堂の行き届いた掃除具合や醸し出される雰囲気。まるで、ここは京都のお堂かと思ったくらいだ。ふっと安心できる空間がそこにつくられていた。

また、島では旧暦9月18日に観音堂の拝みの日があるそうだ。そして、集落の吉凶・禍福の祈願はここで行っていると聞いた。観音様は奥武島のシンボル。観音様にしてみれば、最初沖縄の地に送られて心細かったであろうが、今では心から喜んでいるに違いない。

島にてんぷらを買いに来ても、観音様まで足を運ぶ人は少ないように思われる。たぶん、島の集落の細い道をくねくねと行かないといけないからかもしれないが、せっかくならその柔和な表情に挨拶していくといい。何やら京都にいるような錯覚を起こす雰囲気が流れているからだ。私も観音様の前で気持ちがすっきりしていった。

観音様のお顔はとても優しい。

津堅島《つけんじま》

驚きのおいしさを誇る ニンジン天国、「キャロットアイランド」

#05 Tsuken jima

津堅島

うるま市

本島周辺エリア

人口　573人
面積　1.88㎢
位置　沖縄本島中部・与勝半島の南東、約4㎞
交通　与勝半島・平敷屋港より高速船で約10分
宿泊　民宿、キャンプ場あり
見所　ニンジン畑、トマイ浜ビーチ、クボウグスク
問い合わせ　うるま市役所
☎098-974-3111

http://www.city.uruma.lg.jp

左／幻の津堅大根。ひと抱えもある大きさは核家族化につれて不要となり、姿を消した。 右／これが津堅ニンジン。他のニンジンが食べられなくなるほどおいしい。

島は「キャロットアイランド計画」に基づいて、マンホール、建造物、ベンチに至るまで、あちこちでニンジンがモチーフになっている。

外周約8kmの小さな島は、中央部のほとんどがニンジン畑。あたり一面、ニンジンの葉が揺れる。これだけの葉を見ると、何か有効な利用法がないものか考えてしまう。

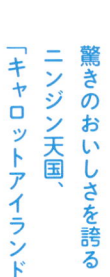

収穫は12月中旬から4月上旬まで。早朝からの手作業は重労働に違いない。

噂の津堅ニンジンを求めて

沖縄の野菜は、私たちを元気にしてくれるものが多い。とりわけ健康野菜としての評価をよく耳にする。確かに、ヨモギもこちらではフーチバーといって、本州あたりのものより立派に育ち、束になってスーパーに並べられている。風邪のひき始めの時にこれを入れたフーチバージューシー（お粥のような雑炊）を食べれば、弱った体にしっかりとカツが入る。私は沖縄に来て、これで幾度、風邪から逃れたことか。

そんな沖縄ならではの野菜たちも魅力的ながら、じつは、普通の野菜たちも沖縄の大地で育むと、まるで別物になる。沖縄に来て一番驚いた野菜は「ニンジン」だった。沖縄には島ニンジンと呼ばれる黄色くて細長い品種があるが、それではなくいわゆる普通のニンジン。そのニンジンの域を超えて、果物？と思えるほどにおいしく育つ。場所は津堅島。沖縄本島中部にある与《よ》勝《かつ》半島から高速船に乗ると15分で着く、こぢんまりとした島だ。この島で育てられたニンジンは、ニンジンの概念を間違いなく超えている。一度食べたら、他のニンジンはニンジンと思えなくなってくるほど。この島のニンジンのあまりのおいしさに「ニンジン」を連呼しているが、本当にただものではない。

普段は海人（漁師）の玉城盛昌（たまきもりまさ）さん。

津堅島のニンジンと出会ったきっかけは、単なる噂だった。「沖縄においしいニンジンがあるらしいよ」。そう聞き、あれこれ調べてみるとそれは津堅島のものらしいことがわかったが、その年の収穫はすでに終わった後。12月中旬から4月までがその時期と知り、1年待つことにした。島の区長さんと連絡を取り、念願の津堅島へ。私が沖縄に越して3年目の冬だった。

島に着くと、すでに港には「ニンジン」を詰めた箱が積まれていた。「おお、これだこれだ！」「早く畑に行きたい！」。しかし、そんなに焦ることはなかった。港から上がってみると、どこもかしこもニンジン畑。島の4分の3を占めていると知った。区長の案内で畑を回ってみると、おいしそうな葉つきのニンジンがゴロゴロと転がっている。朝早くから引き抜かれ、農家さんたちはそれを1本ずつ手に取り、ていねいに小刀で葉を落とす。収穫時はとても大変なので、普段は海人《うみんちゅ》（漁師）だというおじぃも畑仕事のお手伝い。まるで島全体の人が、ニンジン畑に繰り出しているように思えた。

噂の津堅島のニンジンは、一体どんなにおいしいのかしら？と眺めていると、採れたばかりのピカピカの一本を差し出してくれた。うわっ！　「かじってみたら？」の声がするかしないかのうちに、「いただきますっ」。ニンジンまるかじりなんてしたことあったっけ……なんて思いながら、カリッと噛んでみたのだが、「わっ、甘い！」本当に驚いた。これがニンジン？　大袈裟でなくそのおいしさにびっくりしていると、区長も農家さんもにっこりして私を見た。自分たちが育てたニンジンへの自信と誇り。そんなものを感じた。それにしても、ニンジン特有の臭みがないうえに、とてもみずみずしく、そして甘い。噂以上のおいしさだ。

沖縄の人の口にすら、なかなか入らない

あとでＪＡの方に話を伺うと、「ニンジン収穫祭」というイベントに集まった子供たちが津堅の生ニンジンをかじっている姿に、参加した母親がびっくりしていたという。それもそのはず、これまでニンジン嫌いな子供たちだったからだ。でも、その話もうなずける。だって果物のようにおいしいのだから。糖度計で測ると、フルーツトマトに近い7度もあるそうだ。

おいしさの秘密は島そのものにあるらしく、β-カロテンの含有量は、一般のニンジンが１００グラム中７・７ミリグラムなのに比べて、９・２１ミリグラム。調べた琉球大学でも驚いていたほどだ。

このように育つのは、海からのめぐみだと考えられている。周囲わずか8キロのこの島では、風に乗って海のミネラルがまんべんなく畑に行き渡り、加えて農家さんが海藻などを畑にすき込むのだが、これも効果を出している。甘さを引き立てるのは、どうやらこうしたミネラルのおかげのようだ。潮風も過度になると塩害になるが、バランスもいいのだろう。

２０００年前半までは、この島のニンジンのおいしさを知っていた県外からの業者による買い付けがほとんどで、県内には出回っていなかったが、このところ少しずつ県内の人もそのおいしさを知り始めてきた。とはいえ、まだ一部のスーパーにしか置いていない。沖縄県内においても貴重なニンジンなのだ。

宮城島《みやぎじま》（うるま市）

水はけがよく、水もちもいい
不思議な高台の畑に育つ
オレンジ色の黄金芋

ふかした黄金芋（おうごんいも）、紅芋（べにいも）、サツマイモの3色は、料理素材としても魅力的。

左側の紫がかった葉が紅芋の畑で、右が黄金芋。

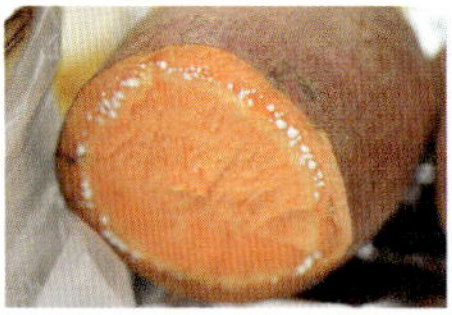

上／生の黄金芋の断面。
下／塩ではなくグラニュー糖を少しまぶした、優しい味のチップス。

宮城島

うるま市

本島周辺エリア

人口　846人
面積　5.52㎢
位置　沖縄本島中部・与勝半島の北東、約7km
交通　与勝半島より海中道路を経て、
　　　平安座島経由の桃原橋で渡る陸路
宿泊　貸別荘あり
見所　トンナハビーチ、観光製塩ファクトリーぬちうなー
問い合わせ　うるま市役所
☎098-974-3111
http://www.city.uruma.lg.jp

100m前後の高台にある畑から見下ろす集落。

島には4つの集落があり、昔ながらの趣のある佇まいも残されている。手前は、香りのいい葉で餅などを包む月桃（げっとう）。

上／島の一番の入り口の桃原集落には、沖縄らしさを表すスジグヮー（小道）がたくさん。つい散策したくなる。

沖縄にもあった！　色鮮やかな黄金芋

かつてこの島には、オカガニという、面白い習性を持つ大きなカニのことを調べに来たことがあった。オカガニは、太平洋上にあるクリスマス島の大移動がよく知られているが、通常は陸で生きているカニで、一年に一度、6月から8月の満月か新月前後の大潮の時に、海に向かって一斉に歩きだし、抱卵する。この移動の時がすさまじい数で、あたり一面道路も何もかも真っ赤になるのだ。沖縄では宮城島のほかに、西表島《いりおもてじま》や池間《いけま》島《じま》、水納島《みんなじま》あたりが移動の規模の大きさで有名。ただし、沖縄のオカガニはクリスマス島のように真っ赤ではなく、甲羅は黒っぽいのが少し違うところだ。ハサミはかなり強い。

沖縄の島によっては、このオカガニも食べられるので、食糧にしているところもあると聞くが、私が食べ物として興味を持ったのはこのカニではなく、島の高台に広がる畑で作られているイモ類、特に黄金芋《おうこんいも》だ。黄金芋はイモの中でも甘みが強く、独特の粘り気があって、しかも高級なイモだということは、テレビなどで見て知識として認識している程度だった。去年あたりから県内のスーパーでも蒸かしたものを見掛けてはいたが、ほとんどが輸入物。それを作っている農家さんが沖縄にいるなんて、つい最近まで知らなかった。こうなると、行かずにいられなくなる。

時は3月、畑に行く前々日まで、1週間ほど梅雨かと思うような雨が降り続いていた。土の中のイモは大丈夫だろうか。私の心配をよそに、畑までの道も畑そのものも、思ったより乾いていた。黄金芋をはじめとしてイモをあれこれ手掛けているのは、當山盛春《とうやまもりはる》さん。なんと、手塩にかけて育てたイモを、蒸かして待っていてくれた！　しかも、可愛い籠《かご》に入れて。ご挨拶がイモの試食になった。

パカッと割ってくれたそのイモは、見たことのない鮮やかな

黄金芋農家の當山さん。地域のイモ作りの先導を切り、積極的に取り組んでいる。

オレンジ色。曇り空でもこんなにきれいな色なら、沖縄の青空の下、ピクニックにでも持っていったらさぞやお弁当に映えるだろう。わくわくした。そして、がぶり……。いや、甘いのなんのって。かじった瞬間に感想を言うのは味の評価にならないといわれるが、そんなことはお構いなしに、即座に「甘い！」と叫んでしまった。しかも、独特のねっとり感がなんともいい。ホクホクおイモが好きな方には馴染《なじ》む時間が必要かもしれないが、すでにペーストにしたお菓子を食べているような感じだった。これが黄金芋！

じつは、バタバタして朝ごはんを食べられずに出掛けた私は、朝ごはん抜きになったのはこれが待っていたからだ！と勝手に解釈した。あー、おいしい。籠の中には、そのほかに肌の色が違うイモが2種類入っている。私の視線に気がついたのか、すべてパカパカ割ってくれると、それは紅芋《べにいも》と普通のサツマイモ。どれも、當山さんの畑で採れたものだが、これをまた可愛い籠の中に並べると、色彩がとてもきれいだった。

生産から加工まで、自ら手掛ける

本島の中東部にある与勝《よかつ》半島と道路でつながっている3つの島の中で、真ん中に位置する宮城島。ここの島が好きなのは、4つある集落のスジグヮー（小道）にとにかく風情があること。タイムスリップしたかのような気分になる。當山さんももちろんご自身の島が大好きで、父親から引き継いでこの地で農家をしている。畑は何と、島内に50か所！もあるという。「農業は楽しいですよ、収穫の時は特にね。この黄金芋は数が多くつくから、余計に楽しい」。とても穏やかで優しい目の當山さんの言葉に、こちらも嬉しくなった。

ついには、イモ談議からイモを使った新商品の開発にまで話が及び、イモ畑に話の花が咲いた。當山さんがすごいのは、作物を育てながら、その加工品にまで携わっていること。農家さんにとって、出荷先でどう扱われているのかは心配なことだろうが、自分で手掛けていれば安心。チップスにしたり、餡《あん》用にペーストにしたり、また、学校給食にも出しているという。もちろん、有機だから食べるほうも安心だ。

帰り際、見晴らしのいい高台に連れていってくれた。「ここにいると、那覇《なは》なんて何が何だかわからないから行かないね」。宮城島の集落を見下ろす景色を眺めていると、確かにそれがわかる気がした。「島の人はみんな穏やかでケンカなんてしないよ」。當山さんの笑顔に納得。お土産にもらったイモの重みも嬉しかった。

伊計島《いけいじま》

平安座島・宮城島の先にある、
イチパナリ（一番離れた）の島で
たわわに実るパパイアを食べ尽くす

お土産に作ってくれたパパイアの漬け物。

左上／こちらのパパヤーチャンプルーは、アクを抜いたパパイアとツナを炒め合わせるだけの簡単なものだが、ご飯が進むおいしさ。 左下／熟してフルーツになったものは、リンゴなどと一緒にサラダに。おすすめはゴマドレッシング。 右／料理上手な奥様、上田淳子（うえだじゅんこ）さん。

伊計島

うるま市

本島周辺エリア

人口　303人
面積　1.75㎢
位置　沖縄本島中部・与勝半島の北東、約10km
交通　与勝半島より海中道路を経て、平安座島、宮城島経由の伊計大橋で渡る陸路
宿泊　ホテル、コテージあり
見所　伊計ビーチ、仲原遺跡、犬名河（いんなが）
問い合わせ　うるま市役所
☎098-974-3111
http://www.city.uruma.lg.jp

仲原遺跡は国の史跡に指定されている沖縄貝塚時代中期のもの。

立派に育ったパパイアの中で、700～800gほどのものが東京に出荷される。

上／幹にはまだ実がなっているのに、すでに次の幹に育つ新芽が顔を出す。 中／上に上にと伸びるのを防ぎながら栽培する。この木は2か所の切り口があることから2回カットされたことがわかる。 下／パパイアには雄花と雌花があり、この雌花がおいしい実となる。

「大飯食い」のパパイア

　ガサゴソ、ガサゴソ……ダッ、ダッ、ダッ！　パパイア農家の上《うえ》田《だ》清《きよし》さんがハウスのドアを開けた途端、想像もしていなかった音が聞こえた。何⁉　びっくりした私を見透かしたのか、「メェー」と鳴き声。音の正体はヤギの足音だった。「ハウスの中でヤギを飼っているんですか？」。彼らはご主人様が来たとばかりにはしゃいで、駆けずり回っている。「家のほうにもっといるけどね」。聞けば、ヤギは交替でこのハウスの中の雑草やパパイアの下のほうの葉を食べたりしているという。水田に放たれたアイガモのようなものか。さすがに、このヤギも祝い事の時のご馳走になるのかは、可愛がりぶりから聞くのをやめた。

　ヤギに気を取られていたので気づくのが遅くなったが、ここはかなりの広さのハウスだ。1棟で2メートルおきに２００本植わっているのだが、それが3棟続いているという。手入れも大変だろうと聞くと、このほかに葉タバコ、島ラッキョウ、イモも育てていて、しかも、一人でやっているそうだ。どうやったら手が回るのだろう。この日、朝3時半に起きてあれこれやって、昨日収穫した分を出荷し、近くある選挙のための応援で街頭に立ち、その後、戻ってきてから１５０キロをまた収穫したという。私との午後2時の約束前に、すでに10時間労働している。沖縄の男どもは働かないとよくいわれるが、とんでもない！　そのタフさに驚いた。

　パパイアは沖縄の庭でもよく見掛けるので何だか知った気でいたが、話を聞くと興味深いことでいっぱいだった。中でも気になったのが、剪定と肥料の大食いっぷりだった。まず、剪定。ハウスに入った途端その背の低さに驚いたのだが、庭で生えているものに比べてとても低い。なのに、実がぎっしり。放っておくと2年でハウスの天井につくほど伸びてしまうので、毎年、収穫後には幹をバッサリ切ってしまうという。

　農業指導では、幹を強制的に螺旋《らせん》を描くようにぐるぐるとさせて成長させれば背丈が低くなるといわれているそうだが、上田さんは太陽に向かって上に伸びたい植物を螺旋状にするのは忍びないと、切るほうを選んだ。でも、幹ごと切ってしまうなんて……と思ったが、パパイアの木を見ると、それは螺旋よりはるかにストレスが少ないとわかった。なぜなら、実をつける頃には、幹から次の世代の新芽がひょっこり顔をのぞかせているからだ。上田さんはその新芽を見つけて、そのすぐ上から幹を切り落とす。ハウスの中のパパイアの木は4年目ということで、多くは切ったあとが3回残っていた。生命力は抜群だ。

そして肥料だが、去年までは漢方素材を土に撒いていたそうだ。というのもパパイアはものすごい大食いで、たいてい1本に約50個の実をつけるのだが、1個1キロの堆肥が必要らしい。ということは、1本の根元には50キロの堆肥！　何て量。肥料の量が素直に実に反映されるので高価だが、漢方も使っていたというのだ。パパイアは育てるのに、とてもお金がかかる。

9 料理上手な奥様のパパイア料理尽くし

「よかったら家のほうに」と案内してくれたのは、集落の東にある上田さんのご自宅。朝は日の出が拝めるという。ほかのヤギたちがいる囲いをのぞき、葉タバコの大きな乾燥機のある1階を抜けて2階の玄関に上がると、奥様の淳子《じゅんこ》さんが笑顔で出迎えてくれた。「さぁ、どうぞ！」。ダイニングキッチンに通してもらったのだが、あるある、台所にパパイアの山！　緑からオレンジ色に色づいてきている。パパイアは沖縄では野菜として扱うので緑色の堅いうちに調理するが、もちろん熟せば果物として柔らかくなる。

「とにかくあるものでチャチャチャと作るのよ。あるもの使わないともったいないでしょ」と、台所の極意を教わった。まずはイモをペーストにしてタピオカと混ぜて揚げたものと、アーサーのてんぷらをいただき、続いて紅芋《べにいも》と黄金芋《おうごんいも》を可愛く刻んで炊き込んだきれいなご飯、熟したパパイアの切り身。しゃべりながらもどんどんと料理は作られていき、パパイアのサラダに、パパイアとツナを炒め合わせたパパヤーチャンプルー。そしてお土産に、「ゆうべ、チャチャチャと作ったの」とパパイアの漬け物を。以前訪ねた粟国島《あぐにじま》以来、久々の「カメカメ攻撃（ご馳走攻め）」にあった。でも、それは私にとっては嬉しいおもてなし。だって、ご主人の作った作物をおいしく生かしたものはたくさん食べてもらいたい、というのが奥様の思い。ひとつだって無駄にしたらバチが当たる。

パパイア農家の上田さんと、なつくヤギ。ヤギもまたパパイア栽培に一役買っている。

左／今帰仁（なきじん）の道の駅で食べることのできる、古宇利島産のとろりとしたウニ丼。 右／この島で採れるウニはシラヒゲウニ。

古宇利島《こうりじま》

沖縄でウニ丼！
思いもよらなかった
海の幸にたんまり舌鼓

#08
Kourijima

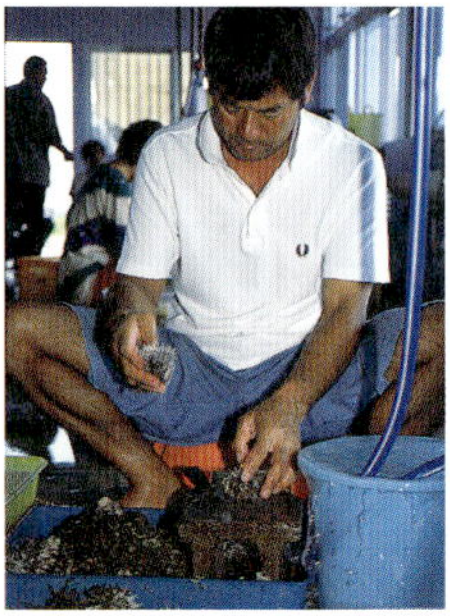

左／形を崩さないよう並べる作業は、見ているほうが息をひそめてしまう。 右／身を取り出すまでの手さばきは圧巻だった。

島の人の多くは、サトウキビや紅芋（べにいも）
で生計を立てている。のどかな景色に心が和む。

古宇利島

国頭郡《くにがみぐん》今帰仁村《なきじんそん》

本島周辺エリア

人口　366人
面積　3.13㎢
位置　沖縄本島北部・本部半島の北東、約1.5km
交通　本部半島より
　　　屋我地島経由の古宇利大橋で渡る陸路
宿泊　民宿あり
見所　古宇利大橋、チグヌ浜、円筒状空洞地形群
問い合わせ　今帰仁村役場
☎0980-56-2101
http://www.nakijin.jp

本島・今帰仁側から見た島の全景。今は古宇
利大橋が完成して、渡りやすくなった。

「目からウロコ」の沖縄産ウニ

　おいしいウニが沖縄にあると知ったのは、越してきて間もなくのこと。会食で呼ばれた料亭での一品だった。おかみさんに「沖縄のウニでございます」と説明されたのだが、我が耳を疑った。「沖縄でウニ!?」。あり得ないと思ったのだ。「沖縄のどちらですか?」と尋ねると、「古宇利島でございます」と誇らしげ。それはいいことを聞いた、島に行かなくては！　翌日、早速時期を調べた。

　お店で出されるのだから旬はまさに今、この時だろうと思った。でも、その時は夏。日本海の夏と沖縄の夏ではわけが違うはず。これまでの食の常識が崩れていく。ところが、それは正しかった。古宇利島のウニは7月と8月が漁の時期だという。

　せっかく島に行くのだからと、今帰仁《なきじん》歴史文化センターの仲《なか》原弘哲《はらひろてつ》館長に同行をお願いした。仲原館長は今帰仁村の歴史を研究されているだけあって、とにかく、島のことなら何でも詳しい。ちなみに古宇利島は今帰仁村の唯一の離島。今では美しい古宇利大橋ができ、本島から屋我地島《やがじじま》経由で気楽に渡れるが、私が最初に行った時は、まだ対岸からの船に乗ることでしか行くことができなかった。

「その昔、ジュゴンの交尾を見て子作りを知ったアダムとイヴが、沖縄の島々の人の祖先」とする伝説が、この島には残る。

　島に着くと、港の近くにウニの加工センターがあった。仲原さんの紹介で中に入っていくと、あるある！　ウニがゴロゴロと転がっていた。まさしくウニ！　でも、私がよく見ていたものと色が違っていた。白っぽいのである。日差しの強い沖縄だから？　聞けば「シラヒゲウニ」という種類だとのことで、殻径は10センチを超える。さすが、沖縄のウニ！　エゾバフンウニが7～8センチくらいだから、ひと回りは大きい。

　加工場というのは、どこに行ってもわくわくする。何かが作られていく過程を見るのは楽しいからだ。このウニ加工センターも例外ではなかった。いろいろな持ち場があって、作業は効率的に手分けされている。最初に目についたのは、何といっても殻を割るところ。ホースで水を出しながらカツンと割り、スプーンで中を取り出す。中とはもちろん卵巣のこと。福島県いわき市の貝焼きに使うウニほどぷっくりはしていなかったが、それでもなかなかの入り具合だ。

お言葉に甘えてひとくち口に入れてみると、溶ける！　甘い！　さっぱり！　冷静に表現すると、北海道のそれは「濃厚でクリーミー」が最上級の誉め方。その一方で、古宇利島のウニはあっさりとしていて甘みがくどくなく、上品なのである。もし、ウニが苦手という人がいたら、古宇利のウニをおすすめする。爽やかなおいしさに、ウニのおいしさを再発見できるかもしれない。

古宇利島のウニがおいしいわけ

このウニのおいしさの秘密を聞いてみた。すると、それはやはり、ウニの餌にあった。北のほうのウニの餌といえば、良質の昆布というのが決まりだ。では、昆布の採れないこの南の島では何を？　ウニの海人《うみんちゅ》（漁師）によると、まだ小さい時においしく大きく育ってくれるようにとホンダワラ類が生えている場所を探して、そこに撒くのだという。モズクやアーサー、アマモなどを食べるウニもいるそうだが、話を聞いた海人は、とにかくホンダワラ類にこだわると断言していた。でも、そうたくさんは生えていないので、育てる時に探すのがひと苦労だそうだ。

それから、もうひとつ肝心なことを聞かされた。以前は、出荷時に形崩れしてはいけないのでミョウバンに漬けていたが、今では無添加の生ウニで頑張っているという。だからやはり、地元で食べるのが一番！　今帰仁の道の駅でウニ丼が食べられると聞き、寄り道をした。海苔がたくさんかかっていたので見た目には生ウニが少ないように思えたが、その下にはてんこもり。じつはつまむ程度のウニが好みだった私は、ウニ丼にドキドキだったが、何てことはない、完食してしまった！

同行をお願いした仲原さんには、この島の成り立ちや、沖縄の人間はこの島から生まれていったとする、古宇利島のアダムとイヴによる人類発祥神話や、不思議な岩のことなど、島を回りながらじつに詳しく説明してもらったが、それについてはまた別の機会に記したい。なぜなら、とても興味深くてひと言ふた言では書き尽くせないからだ。島には古式ゆかしい「ウンジャミ」という海神祭もあり、その時もまた、ご一緒させていただきたく思っている。

映画「マリリンに逢いたい」の舞台になった島。空の表情は見ていて飽きない。

座間味島《ざまみじま》

おじぃがおいしいと言った、
それがきっかけで作り始めた
色鮮やかなローゼルのジャム

#09
Zamami
jima

座間味島

島尻郡座間味村《しまじりぐんざまみそん》

慶良間諸島エリア

人口　638人
面積　6.66㎢
位置　沖縄本島南部の西、約32km
交通　那覇・泊港より高速船で約50分、
　　　または阿嘉島経由のフェリーで約2時間
宿泊　ホテル、民宿、ペンション、キャンプ場など多数
見所　古座間味ビーチ、ホエールウォッチング（冬）、
　　　慶良間（けらま）海洋文化館
問い合わせ　座間味村役場
☎098-987-2311
http://www.vill.zamami.okinawa.jp

集落の奥には昔の佇まいが残る。

送迎バスも出ている古座間味ビーチ。島のメインビーチで、その美しい砂浜は850m続く。

「ローゼルティーでもいれようね」と冷凍庫から出してくれた、食用のハイビスカス。旬の時に摘んだものは香りも味も色もいい。

下／中の色が見えないように白い容器を選んだという。中身は開けてからのお楽しみ！　右／フレッシュハーブのお茶は、さすが色の出が違う。

お手製、豆腐のケーキ。たっぷりローゼルジャムをのせて。

若者でいつも賑やかな座間味は私が一番通った島

座間味行きの船は、那覇《なは》・泊港（とまりん）の切符売り場から一番遠い場所からの出航となる。だから、時間ギリギリに切符を購入して飛び乗るというのは不可能。ましてや夏だったら、炎天下、荷物を持って一気に走る！なんてことは、絶対に無理な話。座間味に行く時は、時間に余裕を持って港に行ったほうがいい。

これまで私が行った離島の中で、一番リピートしているのは、他でもない、座間味島だ。最初はダイビングの出版社にいた時に社員旅行で。真っ青な絵の具をこぼしたようなこんな海があるなんて信じられず、黒砂の湘南育ちの私はかなりのカルチャーショックを受けたことを覚えている。そして、次はイルカやクジラに興味を持ち、ホエールウォッチングで。私はこのクジラにすっかりハマった。私が乗っている船の真横で海中からガバッと飛び出し、ジャンプしたその姿の大きさたるや！なんて神々しいのだろう。そんなクジラが慶良間《けらま》沖に子育てにやってくる時期と私の誕生月は重なり、いつしか彼らにお祝いしてもらうのが2月の恒例になった。

しかし、この4年ほど自分の子育てで足が遠のいていた。そして、久し振りに行ってびっくり！　スジグヮー（小道）に宿や食事処やショップが、また増えている。うわっ、知らないところが増えたなぁ……。もともと、過疎傾向にある沖縄の離島の中で、ダイビング関係の移住者による人口が毎年増え続けている珍しい島なのだが、さらに華やいでいる！

そんな中、座間味生まれのご主人に付き添って、沖縄本島からこの島に移ってきたおばぁが、ローゼルでおいしいジャムを作っていると耳にした。ローゼルは食用のハイビスカスで、ハーブティーとしても人気がある。私は、これを大根やモーイ（ウリの仲間の沖縄野菜）の甘酢漬けなどの色づけに使うのも気に入っている。果たしてどんなおばぁなんだろう。お邪魔する旨の電話をした時には淡々とした応対だったので、少し気掛かりながら、足を運んだ。

おじぃが「おいしい」と言うから作るローゼルのジャム

おばぁの家は、港の前の集落の奥のスジグヮーのさらに奥にあった。「へぇ、こんな素敵な小道もあったんだ」と感激しながら歩くと、そのおばぁ、仲村《なかむら》キクさんがいた。挨拶を交わすと優しい笑顔。先程の気になった口調の理由は、話し始めてすぐにわかった。同じ敷地内ながら、自宅の隣ではこぢんまりとしたレストランも開いていた。しかし開店休業。要はローゼルジャムにせよ、レストランにせよ、まったく商売っ気がないのだ。自分のできる範囲で、無理をしないで、楽しみながらやりたい。だから、レストランも完全予約制だし、2日続けたら3日目は体力もきついので休む。予約の電話を取らなくても済むように、そんな時は畑に出る。だから、私の最初の電話も乗り気ではなかったのだ。

　でも、キクおばぁは私が訪ねると知ってから豆腐を買いに行き、そして、特製の豆腐ケーキを作ってくれていた。心の中は愛情でいっぱい。だから無理をしない。ご本人が意識をしているかは定かではないが、無理をすると心を十分に込められなくなることもある。無理をしていないから、おばぁが手掛ける物にはすべて愛情がたっぷりなのだ。

完全予約制。料理は素朴な沖縄の家庭の味。

　おばぁのローゼルジャムは、甘みと酸味のバランスが絶妙のおいしさ。豆腐ケーキと一緒に食べると、相性抜群だ。ハーブティーの中にもさらに入れたくなった。

　そもそもは、ハーブ教室に行っている時に出されたのがローゼルだったそうで、おじぃにジャムを作ってあげたらおいしいと喜ばれた。だから自分たちのために作ろうと、ローゼルの種を蒔いてみた。そうして作り始めたジャムがおいしくないわけがない。途端に島の商工会から「商品にしてくれ」と懇願された。形になって県産品の賞をもらったが、それでも、商いの気持ちはない。できる範囲で、こだわって、おじぃの「おいしい」という言葉があるからもう少し作る。「口に入れる物はおいしくしっかり作らないと」。これがキクおばぁの信念。船の時間さえなかったら、もっとずっと話をしていたかった。

　家に帰って、ジャムの瓶を大切に開けた。おいしくて、ひと瓶がすぐに空いてしまった。

島の北にあるのに「ニシハマビーチ」。海水浴もいいが、じつは絶好のダイビングスポット。点在する岩場に魚が集まっている。

阿嘉島《あかじま》

**こんなにおいしい島豆腐を
いつでも食べることのできる
阿嘉島の人が羨ましい！**

阿嘉島

島尻郡座間味村《しまじりぐんざまみそん》

慶良間諸島エリア

人口　304人
面積　3.82㎢
位置　沖縄本島南部の西、約35km
交通　那覇・泊港よりフェリーで約90分
宿泊　民宿、ペンションあり
見所　天城城（あまぎぐすく）展望台、
　　　ニシハマビーチ、ケラマジカ
問い合わせ　座間味村役場
☎098-987-2311
http://www.vill.zamami.okinawa.jp

上／「サン」と呼ばれる沖縄の魔よけ。食べ物やお供え物を外に出す時に添えたりもする。　下／この看板がないと豆腐屋だと気がつかない。

にがりではなく、海水で作る竹子さんの島豆腐。それが本来の作り方。

港の前に立てられた、映画「マリリンに逢いたい」のシロの像。マリリン像は座間味島(ざまみじま)に。

左／ゆし豆腐。できたてのアチコーコ(あつあつ)をいただくのは最高の贅沢。　右上／どっしりとした島豆腐。片手で持っても崩れない。　右下／ご馳走になった豆腐尽くしのお昼。ゆし豆腐に豆腐チャンプルー。

島で唯一の豆腐屋の竹子さん

同じ慶良間《けらま》諸島の中でも、座間味《ざまみ》のような華やかさはない。でも、座間味より地に足の着いた生活感があるのが阿嘉島である。座間味からは村内航路で10分。また、那覇《なは》の泊港からなら座間味行きと同じ船で双方に立ち寄っているし、チャーター機を飛ばすこともできるので行き来しやすい島だ。

島は、タクシーが1台。あとはレンタサイクルかレンタバイク。のんびりとした空気を味わいながら、美しい海と慶良間の山々の景色を眺めながら島内を回るには、その交通手段がちょうどいい。でも、私はといえば、2度目の再会となる仲村竹子《なかむらたけこ》さんの乗用車に乗せてもらった。ちょうど、私が乗ってきた村内航路の船で、島内で配るお弁当が運ばれてきたので、「タイミングがいいから」と言ってくれたのだった。竹子さんは島で唯一の豆腐屋さんをしている。他には保健センターでヘルパーの仕事もしている、笑顔の爽やかな働き者だ。

私は別件があったので、一度竹子さんと別れたのだが、「よかったら、お昼を一緒に！」と親切にも声を掛けてくれた。昼食抜きの覚悟だったので、何ともありがたいお言葉！　嬉しかった。その後用事を済ませて連絡を入れたのは、14時を優に回っていた。やっぱりお昼抜きかな……と思っていると、私もまだだからと家に案内してくれた。

豆腐を作る作業場の横が母屋で、これまた笑顔が印象的な竹子さんの母親がにっこり迎えてくれた。竹子さんの豆腐屋さんの初代はこのおばぁだ。昔は島内に豆腐屋が一軒もなく、それで始めたのがそもそも。部屋の中にはカジマヤー（沖縄の98歳の祝い事）のお祝いの風車（カジマヤーの象徴で、98歳で子供に帰るとされているところから風車を持たせる）があったので、「カジマヤーですか？」と聞くと、「まだまだ！　まだ93歳ですから」と、またにっこりした。

豆腐屋さんの豆腐料理をいただく

竹子さんが用意してくれた昼食は、さすがお豆腐屋さん！豆腐チャンプルーに、味噌で味つけしたゆし豆腐。「作り置きがなくて、あるものでごめんなさい」と謙遜していたが、とんでもない！　これ以上のご馳走はない。豆腐屋さんが作る、自分の豆腐を使った豆腐料理だなんて、最高だ。もう、おいしくて、ありがたくて、ゆし豆腐なんて2杯もいただいてしまった。ちなみに、豆腐チャンプルーの中に入っていたニンジンは、おばぁが自宅の畑で作ったもの。股関節を手術して歩くのが難儀と言っていたが、それでも畑仕事をするなんて、さすがは沖縄のおばぁである。

竹子さんの豆腐は、沖縄でも少なくなってきた海水で作る本来の島豆腐だ。那覇あたりでも、ほとんどがにがりを使っているであろう。沖縄以外だと、これにさらに消泡剤が加わる。この豆腐は、ダイバーにお願いして採ってきてもらう慶良間沖のきれいな海水だけを使う。昔は沖縄のどの家庭でも、朝一番のきれいな海水を汲みに行き、それでその日の豆腐を作って食べていた。大豆を碾《ひ》く臼《うす》も、どの家にもあった。おばぁの頃には、今よりももっと固めの豆腐を作っていたという。竹子さんがより固めの豆腐を作るのは、行事があって重箱に入れる揚げ豆腐用の豆腐を作る時だけだ。見た目には変わらないが、その時は固い豆腐の注文が殺到する。

「最近はスーパーで那覇の豆腐を入れるようになったから、作業の負担が少し軽くなったの」と話す竹子さんだったが、介護ヘルパーの仕事の合間、火・木・土の3日間だけ豆腐作りをする。多く作らないといけない時は、夜中の1時から作業が始まる。こだわりは、ふやかした大豆をとにかくよく洗うこと。だからなのか、しっかりしているのに舌触りがいい。

それにしても、万年睡眠不足ではないのだろうか。「気が張っているし、それが大丈夫なの。たまに、お昼ごはんを食べた後に睡魔が襲ってくることもあるけど」と笑う。この竹子さんの豆腐がどれだけおいしいか。有名な豆腐は大豆の甘みをよく強調するが、これはそれに加えて、海水のいい塩加減がプラスされている。何もつけずにそのまま食べ続けられるのは、間違いなく竹子さんの豆腐。夕暮れになったら目の前の海に持っていって、ビールと一緒に!というのもたまらないだろう。

それにしても、驚いたのはその大きさ。普通に買う豆腐の4丁分はある。味噌汁に、チャンプルーに、島の人はこの豆腐を食べていれば、元気でいられるに違いない。

母親から受け継いで豆腐屋を続ける、2代目の竹子さん。
某料理番組では、そのおいしさで誰もをうならせた。

渡嘉敷島《とかしきじま》

海の美しさで
ダイバーに人気の島は、
知る人ぞ知る米どころ

#11
Tokashiki
jima

右／阿波連集落で見つけた庭先のゴーヤー。 左上／案山子（かかし）といいヤギといい、おめかしの好きな島だ。 左下／阿波連ビーチ入り口で売っていたのは、おばぁ特製の紅芋（べにいも）団子。

レンタルが充実しているので、水着さえあれば海を楽しむことができる。

渡嘉敷島

島尻郡《しまじりぐん》渡嘉敷村《とかしきそん》

慶良間諸島エリア

人口　727人
面積　15.29㎢
位置　沖縄本島南部の西、約27km
交通　那覇・泊港より高速船で約35分、
　　　またはフェリーで約70分
宿泊　ホテル、民宿、ペンション、キャンプ場など多数
見所　阿波連（あはれん）ビーチ、とかしくビーチ、
　　　ホエールウォッチング（冬）
問い合わせ　渡嘉敷村役場
☎098-987-2321
http://www.vill.tokashiki.okinawa.jp

沖縄で、稲を守るためにおめかしした案山子に出会うなんて！　島で食べる米のほとんどは島産の米。

左／「朝紫（あさむらさき）」という品種の古代米も栽培されている。 下／収穫間近の米。雨が降る前に刈り入れないと。

水田を守るおしゃれな案山子

「案山子《かかし》」が立っている！　沖縄に来てからその姿を見たことがなかったので、案山子のいる風景を私はすっかり忘れていた。懐かしい。子供の頃は横浜の家の近所にも立っていた「案山子」。それが突然、目の前に現れたのだ。しかも、農家さんが適当におかしな顔を描いてただ立てたような簡単なものではなく、きれいな衣装も纏《まと》っているし、手袋もしている。こんなに上等な案山子は初めて見たかもしれない。聞くと、渡嘉敷のこの案山子は、島の人があれこれ工夫していて毎年衣装も替え、顔も替え、リニューアルしている力作だとか。いやいや、これほどまでにきちんと作られた案山子なら、その役割をきっときちんと果たすであろう。それにしてもなんともおしゃれな。

　渡嘉敷島は慶良間《けらま》諸島の中にあって、また抜群の海の美しさを誇る。調査でもその海の透明度は折り紙つきで、世界屈指とか。那覇《なは》の泊港から高速船で35分。お天気がいいと、赤間山の展望台からは粟国島《あぐにじま》や伊江島《いえじま》まで見ることができるのだから、すごい。展望台からの景色が遠くまで見渡せるというのは、それだけ高い証拠。そう、渡嘉敷島には２００メートル級の山がいくつかある。山があるということは水もあるということで、だからこの島では水田を作ることができる。これはこの島に来てからの発見だった。

　稲作ができる場所は、沖縄では限られている。それは水との関係で、特に離島の場合、水不足はその昔から切実な問題だった。山のある離島。それが条件だ。そんな中、渡嘉敷島には田園風景が広がる。ちょうど私が訪れた6月末は稲刈りの季節。農家さんは天気とにらめっこしながら、刈り入れるタイミングを考えている時だった。それにしても、見事な黄金色の稲穂。車を走らせていると、まるで箱根や伊豆の山あいを走っているかと思ってしまう。

山の裾野に広がる水田風景に、ここが沖縄であることを忘れてしまう。

久しぶりの田園風景に興奮したが、冷静になって考えてみると、もうひとつすごいことを思いついた。それは収穫の時期である。6月の末が収穫！「これって新米でしょ？」と、気がついたのだった。よくよく聞いてみると、渡嘉敷の稲作は二期作で、この時期の刈り入れ分は2月に植えたもの。そして刈り入れ後には、また次の収穫のために田植えが行われるという。さすがは南の島！　1996年に土壌検診して土づくりをしてみたところ、収穫もアップしたという。でも、収穫した米は島内消費用がほとんど。島外で販売されることはまずないのだ。見事な地産地消。島に来たのなら、そこで食べるお米は安心というものだ。これを知って食べるのとそうでないのとではずいぶんと違う。

島内ではオーガニックの古代米も栽培

渡嘉敷の水田にほとほと感心していると、宿泊した民宿「リーフイン・国吉」の加奈子さんが「お土産にどうぞ！」と渡してくれたものが「古代米」だった。「これも島で作っているの。しかも有機なのよ」。私の好奇心がまた湧いてきた。すごい、白米だけじゃないなんて。手にした古代米のパッケージには無農薬有機栽培のマークと、「朝紫《あさむらさき》」の文字。私が沖縄に来て、古代米を入れて炊くご飯がおいしいのを知ったばかりだったので、これまた大喜び！　しかも、オーガニック！　島の人たちはすごいなぁ……。

ご存じの人も多いと思うが、古代米、特に朝紫のような黒米はもち米で、白米と一緒に炊くと黒米の色が移って全体がほんのりきれいな紫色になるのと同時に、ご飯全体がモチモチしておいしくなる。しかも、入れる量は白米1合に対して小さじ1杯程度。まさに魔法のひとさじという感じなのだ。

渡嘉敷は慶良間諸島の中にあるので、島に来るまでは海のことしか考えていなかった。最近はあまり潜っていないが、私はダイバーでもあるのでそっちのことばかり。陸《おか》にこんな素敵なものがあったとは。

旧暦の6月25日には島で大綱引きがある。大綱引きは一般にいうところの運動会ではなくて、れっきとした五穀豊穣のお礼と、来年への願いが込められている祭事。その時使う縄は、島内で収穫した米の稲藁《いなわら》を使っていると聞いて感激した。なぜなら、那覇などの大綱引きでは藁が足りず、輸入しているとの噂も聞くからで、島の祭りは島のもので賄《まかな》うのが筋というもの。そんなところからも、この島の素晴らしさをつくづくと感じたのだった。

慶留間島《げるまじま》

阿嘉の港の売店に並ぶ
プチトマト。この島に恋をした
若きシェフの熱い思い

#12
Geruma
jima

島には天然記念物のケラマジカがウロウロ。農作物を食べ尽くすので農家さんにとっては要注意。

慶留間島

島尻郡座間味村《しまじりぐんざまみそん》

慶良間諸島エリア

人口　75人
面積　1.15㎢
位置　沖縄本島南部の西、約35km。阿嘉島の南に隣接
交通　阿嘉島より阿嘉大橋で渡る陸路
宿泊　民宿、ペンションあり
見所　国指定重要文化財・高良（たから）家、ケラマジカ
問い合わせ　座間味村役場
☎098-987-2311
http://www.vill.zamami.okinawa.jp

滑走路が見えるのが外地島（ふかじしま）。上に慶留間島、阿嘉島（あかじま）と続く。

左／島の農家さんから受け継いだという慶留間の島ニンニク。 右／どんどんと畑を広げて頑張っている。

左／沖縄のプチトマトは日差しで皮が厚くなるが、これはちょうどいい歯ごたえ。甘みも十分。 右上から／エディブルフラワー、2度目の作付けで成功したズッキーニ、パプリカ、「思いがけずよく育ってくれた」というビーツ。

慶留間島に「岡田くん」情報が飛び交う

座間味《ざまみ》、阿嘉《あか》、慶留間の座間味の有人三島の中で、一番小さな島がこの慶留間島。チャーター機が発着する外地島《ふかじしま》と那覇《なは》からの船が着く阿嘉島の、どちらとも橋でつながっている利便性のいい島ではあるが、訪ねる人も、暮らす人も少ない。でも、それゆえに、一番趣もあり、静かで落ち着いた島だ。

しかし、誰に何と尋ねても「島には何もない」との答えが返ってくる。私はこれまで離島を回った経験から、「何もないよ」と言われる島ほど、じつは魅力があるということを確信している。役場関係者も「売店もありませんからねぇ」と言うのだが、そんなことは関係ない。島の魅力はそういうことではないからだ。

そんな中、慶留間島の話をすると、誰もが「岡田くんという青年がいてね」という話になる。島の「食」の話になっても、「岡田くんがね」と返ってくる。「誰？　岡田くんって？」。私はその人物に会いたくなって、「岡田を探せ！」とばかりに島に行ってみることにした。

阿嘉大橋を渡って、慶良間《けらま》諸島で天然のケラマジカが一番多く住む慶留間島に入ると、そのケラマジカよけの網で囲ってある畑が点在するようになる。海岸線をしばらく進むと、島唯一の集落の入り口。まっすぐ行くと小・中学校がある。噂の岡田くんは、集落入り口にある畑にいた。屈めていた腰を起こすと、うわっ、沖縄ではめったに会うことのない長身！　１８０センチ以上はあり、ひと目で県外から来た人だとわかる（名前からも）。「はじめまして！」。見上げて話をすると、ギラギラの日差しが顔に突き刺さる。岡田くんもどっちも眩しい。

岡田くんは大阪出身の青年で、24歳か25歳の頃、阿嘉島にやってきた。ダイバーや観光客で賑わう夏の民宿やレストランで人材を探しているのを見つけ、シェフが本業の彼は面白そうとばかりに来たのだった。そして、4年ほどいて一度大阪に戻り、将来を考えてさらに腕を磨き、母親を連れて再度来島した。この時はすでに移住の気持ちを固めていたそうだ。そして、去年、阿嘉島とつながっているこの慶留間島の村営住宅の空きが出て、引っ越し。と同時に、ここで畑を始めた。

きっかけは、いろいろある。自分がシェフであること、島の野菜の流通の現状がよくないこと、慶留間の農家さんが親切で畑を貸してくれること、そして、いろいろと親切に畑仕事を教えてくれること、島の活性化や将来を見据えて。みんなが「岡田くんがね」と言っていた理由がわかる気がしてきた。

島の未来を見つめて育てられる農作物

もともとこの島は、唐との交易時代に船乗りの里として発達した。慶留間を含む慶良間諸島は那覇と中国とを行き来する船の大切な中継地で、地元の船乗りが同乗した。それで、島内には船頭屋敷が建ち、今ではその象徴の高良《たから》家が国の指定重要文化財として残されている。

ところが、現在はお年寄りが多く、住民の公表数は70人以上ともいわれているが、そんなにはいないのが実情である。学校の存続も、子供たちの減少でこのままでは危うい。岡田くんはこの島に来て、この島の人たちに本当に親切にしてもらい、また、この島ならではのよさを実感してきた。だから何とか、この島に恩返ししたい。畑もそのひとつ。島の農家さんたちと、農業体験を通しての事業を考えている。また、自らはシェフの腕を振るうことのできる店をつくることも考えている。島のブランド野菜となるものも試作している。

とにかく手探りで始めた畑だが、島の農家さんがみんなで助けてくれるおかげで、収穫したおいしいプチトマトは隣の阿嘉島の港で売ることもできた。まだ枝に残っていた同じトマトを畑でもいでくれたが、沖縄にありがちな皮が堅くなることもなく、おいしかった。トマトは作りやすい作物だが、おいしさを追求すると奥が深い。だから、品種もいろいろ試していた。

しかし、狙って作ってみた芽キャベツや最初のズッキーニは見事に失敗。温度と成長が合わなくてトウモロコシは背が伸びず、これもだめだった。その代わり、ビーツやニンジンがうまくできた。沖縄ではあまり見かけないエディブルフラワーや、紅芯大根も育っている。島の人はどんどん畑を貸してくれるので、当初の計画より農地は広がり、作物も増えていく。

かつては沖縄のカツオ漁発祥の地ともいわれたこの島が、近い将来、農業で再び注目されるかもしれない。

島にたくさんの夢を抱く岡田さん。「嫁さん募集中としといてください！」。島のおじぃやおばぁにも「まだかぁ？」とよく聞かれると、苦笑いしていた。

奥武島（おうじま）海中道路から見た久米島。島は食アレルギー対応型リゾートプランや介護プランなど、提案型の観光に積極的に取り組んでいる。

久米島《くめじま》

これはひと味違う！ 生活の知恵が生んだ くせのない久米島のヤギ汁

左／今は幻となった米島（よねしま）酒造の泡盛。地元の人に愛された久米の地酒泡盛だ。　右／食べだしたら止まらない、島味噌を使ったクッキー。

久米島

島尻郡久米島町《しまじりぐんくめじまちょう》

久米島周辺エリア

人口　8,883人
面積　59.11㎢
位置　沖縄本島中部の西、約90km
交通　那覇空港より飛行機で約30分。
　　　那覇・泊港より高速船で約1時間45分
宿泊　ホテル、民宿多数
見所　上江洲家（うえずけ）、シンリ浜ビーチ、
　　　比屋定（ひやじょう）バンタ展望台
問い合わせ　久米島町観光協会
☎098-985-7115
http://www.kanko-kumejima.com

久米島紬の後継者育成と普及のための「ユイマール館」にて。

左／これが久米島のヤギ汁。普通はフーチバー（よもぎ）がトッピングされているのだが、ここではサクナ（長命草）が使われる。　右／自生しているサクナ。「民家近くに生えているのはヘナチョコだから、海のそばのがいいさぁ」と教わった。

通りすがりの人も立ち寄る、お祝いの席

沖縄本島の人は、あまり離島に出掛けない。興味がないのか、それともいつでもすぐに行けると思っているからなのか、同じ旅費を使うなら東京に向いてしまうからなのか、これまで尋ねた中で、一番多い人の訪問歴は5島だった。その人はタクシーの運転手さんで、奥さん共々、それが趣味のひとつだとのこと。確か、次は粟国島《あぐにじま》を計画しているようなことを言っていた。私の周りでは、会社の旅行とか、友達同士でちょっと……なんていう時に県内での渡島率が高いのは、石垣島《いしがきじま》に次いで久米島のようだ。飛行機とホテルのパックでお手軽、格安なプランがあるからなのかとも思うが、沖縄の人にはもっといろいろな離島に遊びに行ってほしいと常々思っている。

本島から飛行機でお手軽に行けるその久米島は、フライト時間30分。シートベルト着用サインが消えたかと思うと、すぐに「着陸体勢に入ります」とアナウンスされる。ちょっと心の切り替えができないまま到着してしまう感じだ。船だと途中、渡《と》名喜島《なきじま》に寄るので、高速船なら1時間45分くらい、でも、普通のフェリーだと、何と4時間もかかる。

私はこの4時間の船旅を選んで久米島に渡った。いやいや、4時間は長かった。寄り道した渡名喜島では、デッキから港の様子を見るだけで当然下船はできないので、また船内に引き返す。ひと眠りしても、まだ船の上だった。朝、8時半に出港して、到着するのは12時半。寝ている間に、お昼ごはんの時間だ。

島に着くと、まずはプチホテルにチェックイン。ビーチサイドに高級リゾートホテルがあるが、それは最後の日のお楽しみにしておいて、まずは、島の人との距離が近い宿泊先に。さてと、お腹が空いたなぁと思っていたら、久米島でお世話になる人の一人、山城《やましろ》さんが「今日はお祝いがあるから、ちょっと一緒にご馳走になりに行こう!」と、ニコニコ顔で私を見知らぬ人の家に案内した。

山城さんは勝手知ったる顔でそのお宅に上がっていくが、私は状況が把握できていない。「お邪魔します! 突然にすみません」。何のお祝いだかもはっきり聞いていなかったので、どうお祝いを伝えていいのかもわからず、通された座敷に座った。沖縄の家はたくさんの人を招くことが多いので、座敷間は、2部屋通しで使えるようになっている。こちらもその典型的な沖縄の家の造りだ。もちろん仏壇も奥座敷のほうにある。気持ちだけでも仏壇にご挨拶して、席に着いた。すでに部屋の中はたくさんの人で賑わっていた。見ず知らずの私の登場にも特別反

応するわけでもなく、当たり前のように迎えられた。

沖縄では、お祝いの席には通りすがりの人も立ち寄るのが日常。タクシーの運転手さんの中には、それを目当てに回る人もいると聞く。「はい、どうぞ！　嫌いでなかったら食べてね」。出されたものは、それは、ヤギ汁だった！　うわっ、空きっ腹にいきなりヤギ汁！　ちょっとドキドキ。でも、そんな私をよそに、山城さんはさらに嬉しそうなニコニコ顔になっていた。

こんな臭みのないヤギ汁、食べたことがない！

私は山城さんのニコニコ顔の理由がようやくわかった。無類のヤギ汁好きなのだ。じつは昨日も食べたという。血圧の高い人は、ちょっとでも食べると心臓がバクバクしてくるほど血圧を上げる食べ物なのだが、山城さんにはそんな心配はないのだろう。しかも、2日続けて食べるだなんて、かなりのヤギ汁好きだ。結局何のお祝いだったかは聞きそびれたが、そのお祝いでヤギを潰《つぶ》したので振る舞われていた。

沖縄では正月にはお祝い料理を作るために豚を潰し、その他のお祝い、例えば新築祝いとかそういった時にはヤギを潰す。昔は、集落のあちこちで勝手に潰していたが、今は、保健所の許

いまだに、どなたの家にお邪魔したのか不明。見知らぬ人でも気軽に家に上げてくれるのは、沖縄だからこそ。

可がいる。いつだったか、伊江島《いえじま》で初めてヤギの断末魔の叫びを聞いたことがあった。でも、不思議とヤギと生活が日常的に結びついている沖縄では、「あら、どこかでお祝い事があるんだわ！」という風に感じるだけだ。

ヤギ汁を見てドキドキしたものの、私はどちらかというと低血圧なので、食べることに不向きな体質ではない。でも、沖縄料理の中でも好んで食べるもののランキングがあるとしたら、これまでの経験から、ヤギ汁は後ろから数えたほうがいいかもしれないメニューだった。まだヤギ刺しなら、ほとんどくせがないので、抵抗なく食べることができるのに。

黒糖作りの最後。鍋底についたものをかき落とす。これがまた格別のおいしさ！

上／黒糖作りはサトウキビを搾るところから始まる。 中／片時も鍋のそばから離れられない。 下／煮詰めていく時の色は緑がかってきれいだ。

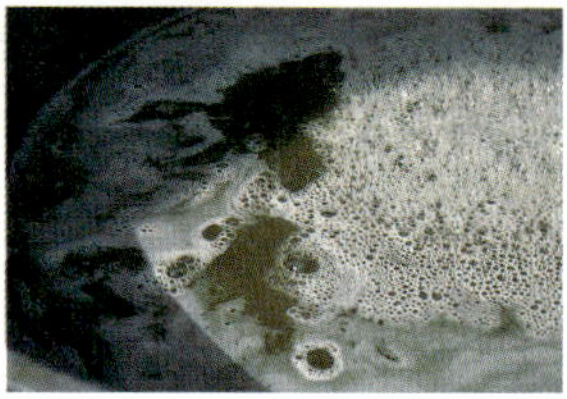

久米島

サトウキビを搾って煮詰める。できたての黒糖の味は格別

左／ガラサー山の岩柱は男性のシンボルとしてあがめられている。兼城（かねぐすく）港のすぐ近くの小島にある。 右／ミーフガーは女性の象徴の奇石。

久米島は久米島ホタルの生息地としても有名。このきれいな川でもその姿が見られる。

うーん、どうしよう。しかし、その迷いも汁の上にのっている葉っぱを見て吹き飛んだ。「これは何の葉ですか？」。ニコニコ顔の山城さんは、よくぞ気がついた！とばかりに説明してくれた。「沖縄（本島）では臭み消しにフーチバー（ヨモギ）を使うけど、久米島だけはサクナ（長命草）を使うのさぁ。おいしいよ！　それに、ヤギ汁自体も沖縄と作り方が違うから、臭くないさー」。

　こうなると、俄然、興味が先立ってくる。「いただきまーす！」。ひと口目、ごくり。あれ、臭くない。ふた口目、サクナとヤギの肉を頬張る。へぇーおいしい！　私は感動の言葉を言いながら、あっという間に平らげた。いやいや、山城さんの言う通り、久米島のヤギ汁はおいしい！

「サクナ以外に、久米島のヤギ汁は、他のヤギ汁と何か違うんですか？」。こうなると聞かずにはいられなくなる。人というのは、自分がおいしいと思って勧めたものをおいしいと言われると、１００倍嬉しくなるものだ。今度は久米島風ヤギ汁の作り方に熱弁をふるわれた。山城さんの説明によると、まずは鍋にニンニクをこすりつけておく。そして、最初に肉を炒めるのだが、その時にチーイリチャー、つまり肉と骨をヤギの血と一緒に炒め煮にするのだという。ここで水を入れないのがポイント。十分にイリチャーしたら、水を入れてコトコト。味つけは塩だけで、味噌は入れないとのこと。そして、サクナを入れるのは仕上げの直前。これでおいしいヤギ汁が出来上がるのだ。

　島の知り合い、保久村《ほくむら》おじぃにも聞いてみたら、それ以外の最大の重要ポイントは、2～3時間かけて煮込む時に、他人に立ち入る隙を与えてはいけないことだそうだ。つまり、一人の人が最初から最後まで火加減まで見るべきで、決して交代してはいけないのだと力説していた。なるほど、久米島ではヤギ汁を作る時の心構えからして、他とは違うのかもしれない。私は、今後ヤギ汁を食べるなら久米島でと心に決めた。

噂の久米島みそクッキー、サクサク感がたまらない

別の日は、先の保久村おじぃを含む島の人と一緒に、畑に囲まれた沖縄やー（家）の庭で黒糖作りを体験させてもらった。収穫したばかりのサトウキビを搾り、ジュースを採って鍋に。じっくりじっくり煮詰めていく。一番難しいのは石灰を入れるタイミングと量と温度だと言っていた。

　初めて見る黒糖作りで発見したのは、煮詰めていく段階のサトウキビジュースは黒くはなくて、草色だということ。これが

久米島の子供たち。手作り黒糖をよく楽しむのだろう。こうして食べるとおいしいことを十分わかっていた。

何ともきれいな色なのだ。萌黄色《もえぎ》といっていいのかもしれない。売っている黒糖も、探すと草色が残っているものもある。手作りの黒糖を食べて以来、黒糖を手にする時、その色が気になるようになった。それにしても出来たての、固める直前の黒糖を割り箸に絡めて舐《な》めたおいしさたるや！　子供たちと一緒になって、夢中でペロペロ楽しんだ。最高のおやつだった。

甘いものついでといっては何だが、以前から気になっていた「久米島みそクッキー」の店を探すことにした。久米島は久米島味噌がよく知られているが、その味噌を練り込んだクッキーなのだ。最近ではその評判から、類似品もあれこれ出ているが、おすすめは島で唯一のケーキ屋さん「しまふく」のみそクッキー。売店ではなく、このお店で買いたかったのだ。

大体の見当をつけて車を走らせると、すぐに見つかった。店に入ると、島の日常ではほとんど嗅《か》ぐことのないケーキの甘い幸せな香り。さすが、みそクッキーは目立つ陳列だった。聞くと、商品化までは試行錯誤の連続で、親戚などに配っては感想をもとに工夫を重ねたという。このクッキーが好きなのは、バターではなくてマーガリンで作られているところ。原料は小麦粉、マーガリン、上白糖、久米島産味噌で、卵も牛乳も入っていない。くどくなくて、後味がよくて、サクサクしていて、ついもう一枚と手が伸びるおいしさ。こんな風に言っては失礼だが、離島に来て、こんなにくせになる味のクッキーと出会えるとは思ってもみなかった。久米島味噌の味も効いている。

もともと沖縄の味噌は甘めだから菓子類にしても合うのは想像できたが、予想以上だった。たかがクッキーで大袈裟だと思うことなかれ。お土産に1袋では後悔すること間違いなし。ちょっと買い込んでおいたほうがいい。私なんて、人に分けようと思っていた分も、考え直して我が家にストック。違うものをあげてしまった。ごめんなさい！　次回にたくさん買い込んで、おすそ分けすることとしよう。

オーハ島《おーはじま》

久米島の離島・奥武島の
まだ向こうにある
小さな小さな島の巻き貝

オーハ島

島尻郡久米島町《しまじりぐんくめじまちょう》

久米島周辺エリア

人口　6人
面積　0.37㎢
位置　沖縄本島中部の西、約90km。
　　　久米島の東、約1.5km
交通　久米島よりチャーター船で約10分
宿泊　－
見所　潮が引いた後の磯遊び
問い合わせ　久米島町観光協会
☎098-985-7115
http://www.kanko-kumejima.com

上／収穫したノニは一度水に漬けるそうだ。和名はヤエヤマアオイという。　下／島で自生しているノニの木。海岸近くに生えるものが上等とされている。

上／高齢の島のおじぃが採ってくるティラジャと呼ばれる貝。島の一角はまるで貝塚のよう。　下／食べる時はとがった小さな貝の蓋に気をつけて。

上／島のおじぃたちの船の向こうに見える島は奥武島（おうじま）。昔は竹馬で歩いて渡ったこともあったそう。 右／チャーター船から見たオーハ島のビーチ。

わずかな人口の小さな島で見つけたものは……

沖縄の離島の魅力のひとつは、どんな島にもその島なりの文化があって、それぞれに違った雰囲気があって、その島で生きていることに対する誇りを島の人に感じることだ。沖縄といってもみんな一緒じゃない。そこに魅力がある。

そんな中で、久米島に行くといつも気になりながらなかなか渡れずに、ただ対岸から眺めているだけの島があった。それが、オーハ島である。オーハ島に行くには定期船はないので、久米島からチャーター船を手配しないといけない。今回は、運よくダイビングに行く船が近くを通っていくからということで、その船で送ってもらった。ダイバーが海から上がる時、一緒に迎えに来てくれるとのことだった。ちょっと滞在時間が短いのが残念だが、仕方がない。今すぐにでも海に入ることのできる格好のメンバーの横で、帽子に長袖に長ズボンの私は、ちょっと場違いな雰囲気だったが、これも仕方ない。みんなの「何でここで降りるの?」と言いたげな視線も何のその。

実際に降り立った島は、ボートの音が遠ざかるとともにかく静かだった。すぐ目の間に奥武島《おうじま》が見えるが、何だか空気の壁でもあるかのように静かだった。小さな船着場に2隻の舟がつながれていたので、誰かはいるのだろうと思ったが、いきなり島の中にズカズカと踏み込むのは躊躇《ちゅうちょ》された。3世帯6人しかいない集落への入り口がまるで玄関のようだったので、すぐ、人の家に入るような感じがしたからだ。

まずは、ビーチ沿いに島をぐるりを散策しよう、そう思って歩きだした。砂浜も、岩場も歩きやすかった。ユニークな形の岩を見つけたり、海辺の花を見つけたりしては写真を撮っていたが、潮の関係で一周は無理と断念。なんとなく島の周りの様子がわかったので、島の中にお邪魔することにした。

一本道を歩きだすと、すぐ左に1軒目があった。のぞく気はないが、見えてしまう。おじぃが一人、お昼寝中か。静かに、静かに……。40年ほど前に久米島から電気が引かれるようになったと聞くが、その電線を辿っていくと民家に行き着くに違いない。島の中を歩く道がわかるはずだと気づいた。1軒目を過ぎると左右に電線が分かれた。先に左から。すると、草原の中の一軒家といった趣の素敵な家が見えた。家の裏手にはフール(豚小屋であると同時に昔のトイレでもあった場所)もあり、その昔、家を建てるのも材料は船で運ばないといけなかっただろうから、大変だったに違いないなどと、一人感心していた。そして、そのさらに奥に行くと、山積みになっている貝殻を見つけた。しかも、その数が半端ではない。何だ、この貝殻の山?!

最高の海の幸「ティラジャ」

先程の電線の分かれ道を右に辿っていくと、区長さんの家があった。3世帯なのに区長さんがいるのは、戦後最高で約20世帯100人以上が住んでいた時代の名残《なごり》である。区長さんの家ものぞく気はなかったが、またもや見えてしまった。開けっ放しだから。これは失礼と目を背《そむ》けると、「ノニ（健康食品として注目されている果物）」の実がバケツの中でぷかぷか浮いているのが見えた。その時の区長さんは、又吉俊一《またよしとしかず》さん。ご両親は粟国《あぐに》の出身で、又吉さんが7〜8歳の頃この島に来たそうだ。その後、本島などあちらこちらで暮らしたが、親のトートーメ（位牌）を守るために、妻のトヨさんと戻ってきた。

昔ながらの家の名残、フールがまだあった。

朝は5時半に起床、朝食を食べてから島に自生しているノニの実を採りに出掛ける。この島のノニは成分がすぐれているそうで、引き合いが多いと説明してくれた。

さっき見掛けた貝殻の話をすると、あれはオーハの高齢の海《うみん》人《ちゅ》（漁師）が採ってくる「ティラジャ」と呼ばれる巻き貝で、ゆでて中身を出してから洗って久米島に出荷するという。11月からの解禁だそうだが、量もたくさん採れないので貴重品だ。さしみ屋（刺し身のパックなどを売る鮮魚店）や居酒屋など、決まったところに出していて、スーパーで見掛けることはまずない。久米島の居酒屋では、酢醤油かわさび醤油で食べることができる。身そのものの味が濃い、おいしい貝だ。

「食事も散歩も何もかもいつも妻と一緒なのが、夫婦仲のいい秘訣かな。久米島に飲みに行くと帰りは泊まらないといけないし、もう行かない」。夜は、暗くなったら7時半から8時には寝てしまうそうだ。ここにいると仙人にでもなった気分になり、久米島をはじめとする他の島が下界のように思えてきた。

渡名喜島《となきじま》

私のとっておき。
沖縄ならではの生活が根づく
モチキビの島

渡名喜のモチキビは、県内のイベントでもすぐに売り切れる。

渡名喜島

島尻郡渡名喜村《しまじりぐんとなきそん》

久米島周辺エリア

人口　433人
面積　3.46㎢
位置　沖縄本島中部の西、約55km
交通　那覇・泊港よりフェリーで約2時間15分、または高速船で
　　　約1時間10分（4月～6月と9月～10月の土・日のみ）
宿泊　民宿あり
見所　伝統的建造物・赤瓦の家、あがり浜、フクギ群
問い合わせ　渡名喜村役場
☎098-989-2002
http://www.vill.tonaki.okinawa.jp

集落内の生活感がとてもいい。

左／多くの庭に植えられていたクヮンソウ。まさか料理に使うとは！　中／島のおばぁ手作りのモズクようかん。　右／シマノーシ祭には、麦などで造ったお神酒(みき) がふるまわれる。

左／モチキビを入れて炊いたご飯。黄色い粒が可愛い。　右上／収穫したモチキビ。　右下／まずは足で脱穀していた。

私の一番、とっておきの島

渡名喜島には過去、3回行ったことがある。その3回で私の中に残った素敵な印象は今も色褪《あ》せることなく、友人からどこの島に行ったらいいか相談されると、間違いなく渡名喜島を勧めている。私にとって、45の島をめぐった中で一番のとっておきの島となった。理由は、この島にいると、自然に肩の力が抜けていくからである。リゾートホテルが大好きな友人には民宿しかないので無理だが、島の時間を楽しめる人には最高だ。

ただし、この島には時々行きたくても行けなくなる。それは海の荒れ具合による。渡名喜島へは久米島《くめじま》に行く船がその途中に立ち寄る形で運行されているのだが、少し荒れると接岸できなくなり、島の姿は見えても素通りされてしまう。帰りもしかり。那覇《なは》に行く船の姿は見えているのに、寄ってくれない。

ここ渡名喜島は、平成12年、文化庁により竹富島《たけとみじま》に次いで沖縄で2番目の重要伝統的建造物群保存地区に指定された。竹富島が指定を受けたのは昭和62年。当時の選定は竹富島の住人が中心となって決定に漕ぎつけたが、渡名喜島の場合は学者や研究者がその価値を認め、彼らが中心となって指定に至った。島内はつくられた沖縄の昔のイメージが残されているのではなく、本当にありのまま。友人の両親がこの島の出身で、家も残っているとのことだったので、一度はご両親と一緒にそのお宅に泊まらせてもらったが、島の夜の空気の重さがちょうどいい。軽過ぎず重過ぎず、心地よく安心して眠ることができた。

平成13年には、80歳を過ぎたおばぁも「あんなのは初めてさ」と驚くほどの大型台風がやってきて、3日間で1年分の雨をもたらした。島は砂が堆積して2つの島がつながってできているので、水はけはいいはずなのだが、それでも浸水が大変だった。さらには全壊、半壊、一部破損。壊れた伝統家屋はコンクリートで建て直したいと多くの人が思ったが、また多くの人がかつての家並みを残すことに心を合わせ、伝統家屋を再建した。

そんなこの島で出会った島のめぐみは、黄色いつぶつぶが可愛いモチキビ、それに、4年に一度の祭り「シマノーシ祭」で振る舞われるお神酒《みき》に、おばぁ手作りのモズクようかんとクァンソウ（アキノワスレグサ）という花と。どれも初めてのいただきものだった。

イベントで大人気、渡名喜のモチキビ

県内にもファンが多いのが渡名喜島のモチキビ。県外ではあまり馴染《なじ》みがないが、こちらでは人気だ。一般的には白米と一

緒に炊き込む。すると不思議、白米の中に散らばる小さな黄色い粒の見た目の可愛さもさることながら、炊いたご飯全体がもちもちっとして旨みを増すのだ。他の島でも栽培されているが、ここ、渡名喜のものがとにかく人気がある。島内消費が基本なので、いつもどこかで買えるというわけではないのも人気の秘密かもしれない。また、島全体で完全無農薬で作っているところも素晴らしい。

渡名喜のモチキビは2月の雨の頃に種蒔きされ、5月の下旬あたりから収穫が始まる。まさに収穫直前という時期に行ったこともあり、頭を垂れてたわわに実をつけている姿を島中の畑で見ることができた。葉の緑がとても深くて目に気持ちよく、風に揺れる様子に島の穏やかさが感じられた。どこの島もそうだが、生産農家さんはここでも高齢化が進んでいる。農作業の重労働は大変だ。

シマノーシ祭は、沖縄でいうところの「世直し祭」。

それから、モズクのようかんは、ヨシ子おばぁの縁側で出してくれた手作りだった。「どうかね、甘いかね」と心配そうにのぞき込むおばぁが可愛く、高齢の一人暮らしなのにていねいに生活しているのが伝わる家だった。裏庭で作っている家庭菜園のプチトマトも最高のご馳走だった。元気にしているだろうか。クァンソウもおばぁの庭に咲いていた。何気なく「きれいですね」と言ったら、炒めるとおいしいと言われて仰天。ユリにしか見えないのに、それを食べるとは。茎や根は眠れない人の薬になるという。

列記してしまったが、最後に島の祭り「シマノーシ祭」で振る舞われるお神酒。これは島で収穫された穀物を原料に造った酒だ。「そのまま飲まずに置いておくと酢になるよ」と言われ、大事に持ち帰って保存しておいたら、本当に酢になった。

島に行けば行くほど、回数を重ねるごとに島のめぐみは次から次へと現れてくる。離島の食は取り繕った食べ物ではなく、人の営みと共に培われてきたものだから、やはり面白い。

右／さすが、粟国島。どこにでもソテツが堂々と生えている。 下／内嶺（うちみね）さんに、ソテツの実を使った昔の子供たちの遊びを再現してもらった。

粟国島《あぐにじま》

先人たちが見つけた、この島で生き抜くためのソテツの赤い実の料理

#16 Agunijima

粟国島

島尻郡粟国村《しまじりぐんあぐにそん》

久米島周辺エリア

人口　844人
面積　7.64㎢
位置　沖縄本島北部の西、約60km
交通　那覇空港よりセスナ機で約25分。
　　　那覇・泊港よりフェリーで約2時間
宿泊　ホテル、民宿あり
見所　長浜ビーチ（星砂）、
　　　マハナ岬、洞寺（てら）鍾乳洞公園
問い合わせ　粟国村役場経済課
☎098-988-2258
http://www.vill.aguni.okinawa.jp

左／高さ約90mの白い絶壁をつくっている凝灰岩（ぎょうかいがん）は、先人の生きる力の象徴。　右上／この絶壁から切り出したトゥージと呼ばれる水甕（みずがめ）。飲み水用、洗濯用など役割がある。手前の一番小さいものは海水を汲んでここに入れ、蒸発させて塩を採るためのもの。　右下／同じく凝灰岩で作られた墓。大きなものは、中に柱が４本ほどあり、走り回れるほどの広さに作られている。

2時間半もフェリーに乗って 辿り着いた、離島の中の孤島

沖縄に来るまで、ソテツが食べられるなんてこれっぽっちも考えたことがなかった。どこか知り合いの家の北側に生えていたのを見た記憶がある。あまり陽の当たらないところなのに、それでも深い緑とまっすぐに伸びた強い細い葉にインパクトがあり、子供ながらにその名前を質問したのを覚えている。そう、そのソテツが、戦後の大変な時期の粟国島では生き延びる糧になったのだった。

ソテツの実は有毒物質を含み、中毒症状を引き起こす。だけど、当時の人は必死だったのだろう。その毒のあるソテツを食べることにした。どうしたら食べることができるか。どうやったらこれで命をつなぐことができるのか。食糧として確立するまでに、何人もの方がなくなったという。そんなソテツの話をもっと知りたくて島に渡った。

地図を見るとわかるが、粟国島は位置的にぽつりと独立している。どこが一番近くの島かと思っても、久米島《くめじま》や慶良間《けらま》、本島の本部《もとぶ》半島あたりから同じくらい離れている。那覇《なは》の港からはフェリーで2時間ほど。お弁当を買って乗り込んだ船はちょっと長旅になるからだろう、枕や毛布がカーペットを敷きつめた広い船室に置いてあった。出航前からすでに眠り込んでいる人もいた。揺れたら気分が悪くなるからと私は早々にお弁当を平らげ、横になった。

船の揺れにすっかり心地よく休めた私は、元気よく降り立った。人の感覚というのは不思議なもので、その島に着いた瞬間、何かその島の匂いを感じることができる。人間には6つ目の感覚、第六感というものがあるようだが、ここがどんな島か、住んでいる人たちの気質はどうか、なんとなく感じるものである。そんな私の第六感は、粟国という島に着いた時、「毅然たる気《き》稟《ひん》」を感じたのだ。「高貴」とは違う。ただ気がよさそうとか、穏やかでとか、明るくてとか、気さくで……というのではなく、なんだか「筋が通っている」感じがしたのだ。その勘が正しかったことは、島をめぐるにつれて証明されていった。近くに他の島がなかったのも、この島独特の何かをつくり上げた理由になったに違いない。ソテツの話もその大きなひとつだった。

物のない時代、命をつないだソテツ料理

島は人がつくり上げるといわれるが、粟国島は島が人をつく

り上げている印象を受ける。その裏づけとして、ソテツの話の前にひとつ紹介したいものがある。それは「トゥージ」と呼ばれる岩の甕《かめ》。沖縄には人の住んでいる離島が45あるが、これはこの島にしかないもので、先人の生活の知恵や彼らの精神を表すものである。

具体的には、粟国の地質を作っている凝《ぎょう》灰《かい》岩《がん》（コウヒーチャー）を切り出して作られた水甕なのだが、村の教育委員長をしていた内《うち》嶺《みね》善《ぜん》徳《とく》さんに説明を聞いて、深く感動した。それはこんな内容だった。島には川などの水源が限られていて、水の確保が何より大切だった。そんな中考え出されたのがこの「トゥージ」で、断崖絶壁の岸壁から各家に最低3個、さらに、家によっては2個追加の合計5個の甕を、島の人間、みんなで切り出してみんなの家に置いた。これがどれほど大変なことだったか想像がつくだろうか。大きな岩の塊を、くり舟2隻ではさみながら海の上を運び、さらには50～60人もが力を合わせてそれぞれの家まで運ぶ。もちろん、今のように重機もない。こんな重労働をしている先人がこの島にいたのだ。よく「助け合って生活を」というが、これほどまでに助け合う心があるだろうか。心だけではない、肉体もだ。それがこの島の人のDNAに刻まれているかと思うと、すごいことだと鳥肌が立つ。

大正3年には人工池ができ、水を貯めることができるようになったが、それでも島の人はトゥージに水を汲んでいた。それもさぞや大変だったはずと聞くと、内嶺さんは「新婚の時におかぁと手をつないで、毎日水を汲みに行くのは楽しかったさぁ」と懐かしそうに照れていた。そして、このトゥージの材料となる凝灰岩。島では墓もこれで作られている。しかも同じようにくりぬいて。生きる糧の水甕と死後の墓が同じというのもすごい話だ。島が持つ力を感じて、もう、ずっと驚きと感動の連続。粟国はすごい。

さて、そして、ソテツ。このソテツが粟国に多く生えていた

玉寄（たまよせ）家で作ってくれたタンナージューシー（代表的なソテツ料理）。戦時中だけの料理かと思ったら、今でも食卓に上るという。

#16
Agunijima

粟国島

自然の力を生かして作る塩は、海からのいただきもの

上／これが戦争中の粟国の人を救ったソテツの粉。1食分の粉を得るのもかなりの重労働。　右／ソテツの赤い実は毒があるから鳥も食べない。

実は半分に切って乾燥させ、水によく漬けて毒抜きをする。この手間をいい加減にしたら大変だ。

右／所長の小渡（おど）さんが考案した立体式塩田タワー。この後天日干しにし、自然の力で塩を作る。　左上／「粟国の塩」人気は健在。　左下／分離されるにがりは市販され、私は炊飯時に加えている。

驚きだったのが、粟国の玉ネギの味！　島外に出荷はされていないのがもったいないくらいおいしい。2月の中旬頃から収穫が始まる。

のは島の計らいか。ここまでくると、なんだかそんな風にまで思えてしまうが、このソテツの食文化は奥が深い。那覇で料理店「ひさみ」を出している玉寄貞夫《たまよせさだお》さんの実家が、粟国で宿もやっているというので紹介してもらって、そこに宿泊。玉寄さんはソテツ協会の会長でもあり、店ではソテツそばも食べられるが、やはり、その土地で話を聞きながら味わってみたかった。

粟国のその宿では、玉寄さんの母・幸子《ゆきこ》おばぁに久し振りに「カメカメ攻撃」された。カメカメ攻撃とは沖縄のおばぁがよくやる、「どんどん食べて食べて！」と次々と食事を勧めること。これが半端じゃない。幸子おばぁは「昔食糧難だった粟国に来て、やせて帰ったら申し訳ないもの」と、その攻撃の理由を伝えてくれたが、もう入らない！と泣きたくなってもその手は緩めなかった。おいしくないんじゃなくて、太るのが嫌なんじゃなくて、ただ体の限界なのに、容赦なかった。

「タンナージューシーはお昼にしようね」、朝ごはんを食べながら、それがのどまで来ているのにお昼ごはんの話が出た。「お願いします」とは言ったものの、満腹ではおいしさも半減するというもの。何かおじぃの手伝いでもして胃を軽くしようと思った。ちなみにタンナージューシーはソテツ料理の代表で、ソテツの粉にサツマイモの葉とだし汁を加え、味噌と醤油で味つけしたもの。おばぁはこれに、沖縄の大概のおばぁの得意技、ツナも入れようと言った。

手伝いをとおじぃに伝えたが、「することがない」とのことなので、採ってあるソテツの実を見せてもらうことにした。庭にもソテツは植えてあったが、まだ実はなっていなかった。ソテツの花が咲くのは5月頃で、実がなるのは10月に入ってからだ。

その昔は盗難防止のために、各字《あざ》では村と秘密裡に収穫の日を決め、その日の未明に銅鑼《どら》で村民に知らせた。その後は秘密にするといろいろと支障を来すようになったので、昭和17年からは旧暦の9月5日を期して、収穫を許すようになったそうだ。

ところでそのソテツの実だが、粉を採るために、半分に割って乾燥させてあった。この後、毒の成分を抜くために数日水に漬けておき、それから碾《ひ》く。昔は、碾いて残った殻は薪代わりの燃料にしたと言っていた。粉に碾いたものも常備されていた。ひとつひとつその作業のための道具を見せてもらったが、それを見るにつけ、つくづく先人がこれを食料にするまで追い詰められた時代がしのばれた。ソテツのでんぷんに目をつけ、これを何とか取り出して食べたのは、生きるための術《すべ》だったに違いない。

昔はそのソテツの幹を薪にしていたらしく、余った実は子供たちの笛などのおもちゃに、葉は虫籠《かご》やまりを作る材料にもされた。

　さて、「タンナージューシー」はあっという間に出来上がった。いい味つけがされているのでとてもおいしく、「ソテツだなんて」と食べず嫌いするのは間違っていると思った。たぶん戦後はこんなに味つけするわけもなく、以前アフリカで食べたような、単に湯で溶いて塩を少し振ったようなものだったのだろう。幸子おばぁが、「腹もちしないから、食べても食べてもお腹が空いてねー。ひもじかったね」と言ったのが印象的だった。

多くの料理人も認める粟国の塩

　島に行くことにした時、ここにも寄りたいと思っていたのが沖縄海塩研究所だった。無類の塩好きの私は、友人の海外土産には必ず、その土地の塩をリクエストしている。そして、日本の塩も集めだした時、大好きになったのがこの粟国の塩だったのだ。小渡《おど》幸信《こうしん》所長に会いたい。小渡さんはもともと日本建築学会からも認められるタイル職人だったが、体を悪くしたことをきっかけに塩の研究を始め、塩の世界に入った。

「いのちは海から」という小渡さんの言葉が好きだ。この人の口から出てくることはとても理に叶っていて、自然のサイクルの中からもらう塩とそれを必要とする人間の体の関係も、よく理解できた。研究の末行き着いた塩の作り方や工場も、くまなく見せてくれた。塩の核となるものを海外から買いつけ、それに地元の海水を吹きつけて、「手塩にかけて作った自然塩」と謳《うた》うものが存在する中、粟国の塩は安心して使える。また、感心したのが燃料に使う薪。島のゴミの減少にもつながるからと、流木や廃材を積極的に使っている。着眼点がすごいなぁ。

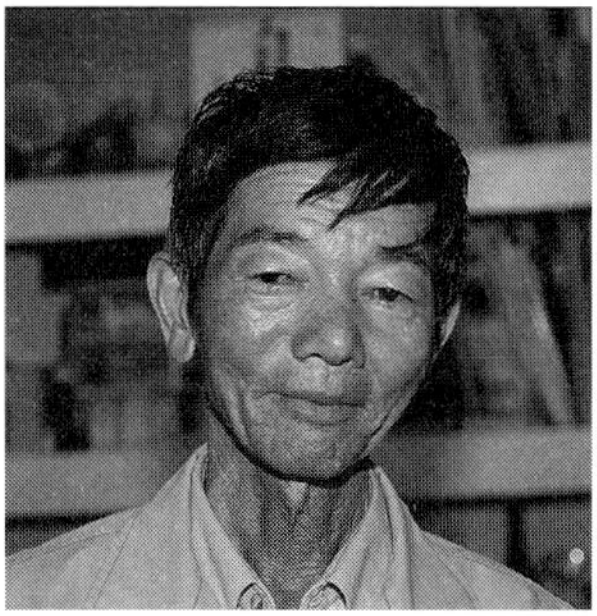

「粟国の塩」を作っている沖縄海塩研究所の小渡所長。

　世の中、「塩分の摂り過ぎに注意しましょう」と言われ始めて久しいが、きれいな粟国の海に惹《ひ》かれて作り始めた小渡さんの塩は、海の味そのものといった感じがする。話をする小渡さんの周りにまとわりつく孫を見ながら、「この子はよく、塩をおやつみたいに舐《な》めるんですよ」と言った笑顔が忘れられない。

南大東島《みなみだいとうじま》

サトウキビで開拓された
絶海の孤島生まれの、
サトウキビの島酒・ラム酒

#17
Minami
daitou
jima

南大東島

島尻郡南大東村《しまじりぐんみなみだいとうそん》

大東諸島エリア

人口　1,320人
面積　30.57㎢
位置　沖縄本島の東、約350km。小笠原諸島の父島・母島の西方、約1000km
交通　那覇空港より飛行機で約1時間5分。
那覇・泊港より客船で約13～16時間（週1～2便）
宿泊　ホテル、民宿、キャンプ場あり
見所　海軍棒プール、日の丸山展望台、大池
問い合わせ　南大東村役場
☎09802-2-2036
http://www.vill.minamidaito.okinawa.jp

船からの貨物の積み下ろし、人の乗り降りはすべてクレーンで。波が荒いため、船が普通に接岸できないのだ。

花が咲いたサトウキビ畑。その花はまるでススキのようだ。

右上／収穫期には手刈りしたサトウキビがトン単位で運び込まれる。 右中／ていねいに搾り機にかけて、サトウキビジュースを搾る玉那覇（たまなは）工場長。 右下／仕込んだラム酒が発酵してきた。

南大東島のサトウキビは、農林水産大臣賞を受けるほど「微農薬」に力を注いでいる。

グレイスラムのラム酒「COR COR」には、サトウキビジュースから造った緑ラベルと糖蜜から造った赤ラベルがある。

「ざわわの島」で生まれた新しい島酒

島に行くまで、南大東島のイメージは、単に沖縄の離島のひとつに過ぎなかった。ところが、とんでもない！　行って仰天、見て仰天、そのインパクトの強さは、他の島にはないものだった。まずは、プロペラ機による1時間5分のフライト。プロペラでこんなに飛んでいいの？　これまで乗ったことのあるプロペラ機は長くても20分ほどの飛行だったので、そんなに飛ぶならジェット機にすればいいのにと勝手に思ったものだった。それにしても、飛んでも飛んでもまだ海の上。ようやく到着といわれても、まさに絶海の孤島。窓から見えた島の景色がサトウキビ畑だったのでホッとしたが、ジャングルだったら、ジュラシックパークに到着するような気持ちになったはずだ。

降り立ってから集落へは車で移動したが、なんとなく不思議な感じ。それは何なのだろうと周りの様子をよく見ると、わかった！　赤瓦の家が見当たらないのである。ほとんどがコンクリートやトタン。沖縄にいる気がしないのだ。ちなみにその理由は、南大東島が台風の通り道だから、コンクリートやトタンでなければやり過ごせないから。よく台風情報で出てくる南大東島とは、まさにここのこと。だからなのだ。もし、ここで赤瓦の家を建てようと思っても、この島まで赤瓦などを運んでくるのは大変なことだ。資材の運搬には時間もお金もかかる。

それから、島の歴史に関わる大事な理由がまだあった。それは、この島に入り込んでいる東京文化の名残《なごり》である。づけずし、相撲、太鼓、神社……、そして沖縄にはない姓の表札が並ぶ。１９００年（明治33年）に、玉置半右衛門《たまおきはんえもん》をはじめとする東京の八丈島出身の有志22名がこの島に上陸し、土地を開拓してサトウキビの作付けを始めたのがこの島の始まりだった。独特の雰囲気や独特の文化の謎はここにあるということを、肌で感じたのだった。

グレイスラムの工場は旧南大東空港跡を利用したもの。外観も内装も、ところどころにその名残が見える。マニアにはたまらない看板もある。

沖縄に越してきてから、じつは私はこの南大東島と深い縁ができた。それは、サトウキビから島酒としてラム酒を造るという、グレイスラムの事業に関わっていることだ。事業の立ち上げまでは頑張ったものの、初出荷と私の出産とが重なって、その後はなかなか思うように手伝うことができずにいる。でも、この島は行けば行くほど面白みが増す。本来ならそう行くことはできないと思うのだが、ラム酒のおかげで島には幾度か足を運んできた。

それにしても、空から見る島の景色はさすが、サトウキビの島といわれているだけあって、本当にサトウキビ畑ばかり。まさに「ざわわの島」である。だから、ここでラム酒事業を立ち上げたのだった。泡盛の原料はタイ米だが、ラム酒の原料はサトウキビ。それゆえ、ラム酒を新しい島酒としてみんなに飲んでもらいたい！というのが、グレイスラムの金城《きんじょう》祐子《ゆうこ》社長の思いだ。

たいてい年明けから3月くらいまでが、サトウキビの1回目の収穫の時期、製糖期にあたる。なので、その季節に島に渡って、ラム酒の原料となるサトウキビジュースを搾るお手伝いに行ったこともあった。もう、工場の中は甘い香りでいっぱい！

南大東島のサトウキビ農家さんは、他の島よりはるかに作付け面積が広く、トラクターによる刈り入れがほとんどである。しかも、運転席はクーラーつきで音楽まで流れているから驚いた。島中の道を、刈り入れたサトウキビを乗せて走るトラックが行き交い、道路には揺れる荷台から落ちた茎が点在している。そうなると、島にいるだけでワクワク。島そのものが活気づいている感じがする。

夜の懇親会（？）で飲むラム酒「COR COR（コルコル）」もどんどん進む。度数は40度と高いが、私は、サトウキビ独特の香りが残るこのお酒をロックで飲むのが好きだ。集まった人の多くは水割り、もしくはシークヮーサー割りなどで飲んでいたが、泡盛もロックが好きな私は、チビリチビリ。口の中で広がるざわわな感覚がたまらないのである。

この島だから食べられる魚料理

近頃では、那覇《なは》あたりでもコンビニエンスストアにまで刺し身が並んでいるが、南大東島には魚屋も沖縄によくある「さしみ屋（刺し身のパックなどを売る鮮魚店）」もない。突然食べたくなっても、決められた時に漁協に出向くしかなく、手に入れることは難しい。自分で釣りに行く人も多く、真剣な表情をした釣り人が岩壁にずらり並ぶ光景を見た時にはビックリした。

上／禁断の魚「インガンダルマ」。身を天日干しにしながら余分な脂を落とす。 左下／コシのある手打ち麺の大東そば。スープもまたおいしい。 右下／サワラのづけずし。沖縄で「づけずし文化」があるのは大東諸島くらいだ。

#17
Minami
daitou
jima

南大東島

八丈島からの開拓民が伝えた東京文化が息づく島

向こうに見えるのは、北に8km離れている北大東島。北も南も、過去に大陸や日本列島につながっていたことは一度もない。

上／台風の通り道なので、コンクリートやトタン屋根の家が多い。 下／海軍棒プール。砂浜がないので岩を彫り込んで造った。

右／島の成り立ちを証明するかのように、たくさんの池が存在する。写真は月見池。

この島はどこも断崖絶壁なので、大型回遊魚を岸壁から釣り上げることができる。一度、グレイスラムで働く島の青年、野原くんの家でカツオが釣れたから!と、サクでその身を分けてもらったことがあったが、飲み屋や食堂以外では、そんな風に自分で調達する。でも、その新鮮なおいしさといったら! なかなか那覇では口に入らない。

そんな状況の中、この島ではユニークな魚料理が食べられる。夜の懇親会でも、島に初めて来た人がいると出されるのが、「インガンダルマ」という魚。またの名を「アブラソコムツ」というが、これをある一定の量以上食べると、翌日、大人でもおむつをしないといけない状況になる。

最初に出された時、食べるのにどんなに勇気がいったことか。1切れ、恐る恐る口に運ぶ。食べてみると味はいい。そこでついつい箸が進んでしまうのだが、3切れくらいで島の人が止めに入る。こんなにおいしいのに……。じつはこの魚は深海魚で、人間の体に吸収されない深海魚に特有の脂を持っているというのだ。だから、食べるとその脂が自分の意志とは関係なく、お尻から流れ出てくる。おむつが必要な理由はそこにある。翌朝、トイレに行くまでドキドキは続いた。ラム酒の酔いもすっかり醒めてしまう。結果は心配することもなく、いつもの自分の体にホッとしたのだった。

それから、これも深海魚なのだが、「ナワキリ」という黒い魚もいる。こちらは宿泊した宿の夜ごはんで、ご主人がお皿の魚の元の姿がどんなものか見せに来てくれた。見た目がグロテスクという難があるが、味がいい。小骨があるが、黒い皮の下の白身はしっとりとして、脂も乗っていて旨みがある。煮つけも塩焼きもおいしい。魚好きにはたまらないはずだ。でも、沖縄の魚の定番、イラブチャーの刺し身は出てこない(断崖絶壁のこの島では釣れない)ので、やはり、南大東島は面白い!

沖縄そば好きなら、大東そばをご賞味あれ

南大東島には「大東そば」という沖縄そばがある。前の日にどんなに飲んでも、これを食べずに帰ることはできない! そんな思いになる、おいしいそばである。麺はどちらかというと太麺タイプで、スープはかつおだしの効いたあっさり系。麺もスープもそれぞれにおいしく、しかも一体となった時のバランスも絶妙。私の好みにぴったり! 大東島のそばだから大東そばというだけの定義であるが、「大東そば」のご主人、伊《い》佐《さ》盛《もり》和《かず》さんのこだわりがおいしさを増幅させる。

ある日の夜、店の向かいのホテルに帰ろうとした私は、9時

過ぎにまだ店の奥にいる伊佐さんに気がついた。のぞいてみると、麺を打っていた。すべてが一段落した夜になると、翌日のそばの仕込みに入るという。そう、麺も手作り。大東の海水を汲んできて、かん水の代わりに使う。もともと沖縄そばの麺はそうやって作っていたのだが、そんなことをしている店は沖縄本島にも少ない。島にはこの麺をつまみに、店に飲みに来るおじぃがいるそうだ。ほどよい太さ、塩加減、歯ごたえ。そのおじぃがしていることが納得できる気がした。なんだか日本そば屋の雰囲気！　一般的にそば屋は飲みに行くところでもあるが、それが沖縄のこの離れ島にあったとは！　その渋いことをする南大東島のおじぃにも、いつか会ってみたい。

　それからもうひとつ、大東そばに行ったら必ず食べたくなるのが「大東ずし」だ。何も知らずに最初に店に行った時には驚いた。どうしてって、だって、沖縄のそば屋ですしが出たのだ！

　正直言って、那覇でここならと思えるすし屋はただの一軒。すし好きの私としては、評判を聞いて食べ歩いたりしたのだが、結論は、東京に行った時に食べることにしようという感じになった。シャリの具合も、ネタも、ネタの扱いも、さらには海苔に至るまで、食べたいものとは少し違うのだ。

　そんな中で出会った大東そば屋の大東ずし。ネタはサワラの

島に行ったら必ず寄る大東そば。食べ損ねると南大東島に行った気がしない。

「づけ」なのだが、そのづけ自体、しばらく沖縄にいて忘れかけていた味わいだった。嬉しい！　東京文化の名残は、島にこんなものも残してくれた。

　だから、南大東島に行くと、大東そばと大東ずしは食べずにいられない。最初に食べた感動は、何度行っても褪《あ》せることがなく、逆に募るばかりだ。今、伊佐さんは沖縄そばによくかけるコーレーグース（島唐辛子の泡盛漬け）を、ラム酒のコルコルで試してみてくれている。果たして、大東そばと合うのだろうか。よりおいしくなるのだろうか。次に南大東島に行く時の楽しみができた。

左／葉の力強さが地下のジャガイモに行き渡っている感じがした。　右／とにかく味がしっかりしている。

北大東島《きただいとうじま》

日本一早い新ジャガの産地は
大海原にぽつりと浮かぶ
この島だった

#18
Kitadaitou
jima

北大東島

島尻郡北大東村《しまじりぐんきただいとうそん》

大東諸島エリア

人口　516人
面積　11.94㎢
位置　沖縄本島の東、約350km。
　　　南大東島の北北東、約8km
交通　那覇空港より飛行機で約1時間10分。
　　　那覇・泊港より客船で約13～16時間（週1～2便）
宿泊　民宿あり
見所　長幕（ながはぐ）、燐（りん）鉱石貯蔵庫跡、大東宮
問い合わせ　北大東村役場
☎09802-3-4001
http://www.vill.kitadaito.okinawa.jp

南大東島からのフライトはわずか3分！　風向きによってはさらに1分縮まるとも聞く。

秋葉神社では大東相撲が行われる。神社も相撲も東京の伝統の名残（なごり）で、沖縄では珍しいものだ。

左／県内では大東諸島にしか生えていない、島の貴重な植物のひとつ「アツバクコ」。食べられるそうだ。
右／明治36年、開拓者が上陸したこの島の玄関口。

ジャガイモ畑が広がる南の島

沖縄は作物の収穫の時期が早い。南の島なので当然かもしれないが、日本一と呼ばれるものが多い。例えば日本一早い新茶は3月に本島の北部にある奥集落で採れ、新米は石垣島で5月に、露地ものの青切りミカンはやんばる（本島の北部）で8月に採れる。そして、新ジャガの日本一早い収穫地といえば、北大東島。そう、絶海の離れ島の南大東島から、さらに飛行機で3分（日本一短いフライト距離）乗り継いで渡ったところにあるこの孤島で2月に採れるものが、日本一早いのである。東京にいる時の私の中のジャガイモサイクルは北海道が基準になっていて、南からジャガイモ、とりわけそんな場所で採れるとは思ってもいなかった。でも、この南の島のジャガイモ、とにかくおいしいのだ。

30歳を過ぎてから群馬のある農業学校に毎週末通って、畑を耕していた私としては、ジャガイモ畑は容易に見つけることができる（沖縄に来て見慣れない野菜が多かったので島野菜の判断には苦労したが）。もちろん、島は燐鉱《りんこう》（肥料や火薬の原料となる鉱石）の採掘からサトウキビの栽培に移行した島なので、キビ畑が一番多いが、輪作のせいかジャガイモも案外目立つ。

島の開拓者「玉置半右衛門（たまおきはんえもん）」の碑。

島の人の案内で、ある農家さんのジャガイモ畑に連れていってもらった。ちょっと通りすがりでは立ち入らないような奥まった場所にある畑だったので、興味深くキョロキョロ眺めていると、ジャガイモを掘り起こしている姿が見えた。案内してくれた人が、私にお土産で持たせるものを掘っているのだと教えてくれた。なんてありがたい！

「こんにちは！」。じつはこの方、どちらが本業かは聞かなかったがお勧めもしているそうで、会社の合間を縫って畑に来ているとのことだった。そうそう、島って羨《うらや》ましいと思うのがこんな時である。例えばお昼休みなら、自宅に戻って昼食をとった後ひと寝入りしたり、主婦でもある人なら朝できなかった家の片づけものをしたり、晩ごはんの下ごしらえをしたりもできる。畑の様子を見に行くことだってできる。島では合間の時間がけっこう活用できる。じつに有効だと思うのだ。

「エコファーマー」の作るジャガイモに、元気を分けてもらった

土から掘り起こされたばかりのジャガイモは、まだ土のしっとり感をまとっているので、見た目もみずみずしいし、肌の色も明るくてきれいに見える。スーパーなどで売っている状態はすでに表面が乾いているので、特にジャガイモは色気もあまりない。北大東島のジャガイモは、とても色白で美人に思えた。

話を聞くと、北大東島のジャガイモは農家さんたちの頑張りの成果が評価され、沖縄県内で初めての「エコファーマー」の認定を受けたという。ちなみに「エコファーマー」とは、いわゆる持続農業法に基づき、堆肥などを施して土地の力を高め、化学肥料・化学農薬を減らす生産計画を都道府県知事に認定された、特別な農家たちを指すもの。これを志したこと、県内で初めて認定されたことは、素晴らしいと思った。少し話が大袈裟になるかもしれないが、絶海の孤島の中で、どうしてそういうモチベーションが生まれたのか、とても興味が湧いた。また「エコファーマー」というものがあることを知ったきっかけも不思議だった。

人間、良くも悪くも、自分が置かれている環境や状況を理由にしたがることがよくある。しかし、彼らを思うと、沖縄の中でも特に離れ島・北大東であるにもかかわらず、ことを成し遂げていることに感動した。私も頑張るぞぉ！　掘り起こされたジャガイモを見てそう思った自分も不思議だったが、エネルギーをもらったのは確かだった。

もらった紙袋を引きずりそうになるくらい、たくさんのジャガイモが入ったお土産は、手荷物で大切に持ち帰った。かなりの重さだったが、おいしいものはたとえ重たくてもかさばっても、苦労にならないのが人の心情というもの。料理するのが楽しみだった。ジャガイモは地味でありながらも、そのおいしさは料理するとものすごくはっきりする。煮物にしても、肉ジャガにしても、サラダにしても、フライドポテトにしても、何にしてもおいしかった。

農家さんが畑から袋に詰める時「もう少し入れましょうか」と言ったのに、遠慮した自分を後悔した。「はい」と素直に言えていれば。取り寄せてでも食べたいこの頃である。

石垣島《いしがきじま》

大いに盛り上がる あの世のお正月、「十六日祭」の重箱料理

石垣島

石垣市《いしがきし》

八重山諸島エリア

人口　47,690人
面積　222.63㎢
位置　沖縄本島の西南西、約370km
交通　那覇より飛行機で約55分。
　　　羽田空港より飛行機で約3時間15分
宿泊　ホテル、民宿、ペンション、キャンプ場など多数
見所　玉取埼（たまとりざき）展望台、
　　　平久保崎灯台、名蔵（なぐら）アンパル（湿地）
問い合わせ　石垣市観光協会
☎0980-82-2809
http://yaeyama.or.jp

石垣島最北端の平久保岬。海風が強いが景色は最高！ぐるりと水平線を見ることができる。

左／お釈迦様の頭の形に見える果物で、その名も釈迦頭（しゃかとう）。
右／リカーに漬けてもおいしいお酒になる、ヤモミという木の実。

右／姑（はは）流のアレンジで詰められたお重。 左上／食紅で染められたおにぎりは特別な時だけのもの。 左下／紙銭（うちかび）というあの世のお金をご先祖様に。

豪華に賑やかにお供えされた正月料理。お供えしたのちは、みんなで食べる。

あの世のお正月・十六日祭には、お墓はまるで宴会

石垣の嫁になってつくづく思うことがある。いちいち「面白いなぁ」ということ。嫁なのだから、面白いとか言っている暇があったら、本当は自分でもやらないといけないのは承知しているが、行事、しきたり、料理、話し方、遊び方、はたまたスーパーや道行く人に至るまで、とにかく面白くて興味深い。特に料理に関しては、宮古島《みやこじま》生まれで石垣に嫁いだ姑《はは》が料理上手で工夫上手。アイディアに溢れていて、台所でずっと一緒にいたいくらいだ。

そんな姑が腕を振るうのが、お重を用意する時。沖縄は重箱文化がすごいと思う。何せ行事が多いところなので、出番も多い。新年は新正月・旧正月・あの世のお正月、そして3月、4月は浜下《はまう》り、清明祭《しーみー》と続く。男たちは毎月ご馳走が食べられて喜ぶと聞くが、女たちは大変だ。ちなみにあの世はグソーといって、旧暦の1月16日にご先祖のお正月をするのが「十六日祭」で、石垣では特にこの行事を盛大に行う。

お祝いの場所はお墓。沖縄のお墓はそこで一席設けられるように広く作られているが、そのお墓に重箱料理やら、お酒やら、あれこれと持ち込む。男手がまず朝から出向いて掃除をした後にビニールシートなどで屋根を作り、万が一の雨、もしくは暑い日差しを防ぐ。そして花を供えてテーブルを並べ、民謡などをかけ、準備を整える。この後お重が運ばれ、ご先祖様の前に一旦お供えすると、十六日祭の始まりだ。

まずはご先祖様にご挨拶。紙銭《うちかび》といって、ご先祖があの世で使うお金を供養として燃やす。そして手を合わせるのだ。その後はお重のご馳走をいただき、親戚などのお墓を回って挨拶する。婚家のお墓は沖縄では珍しく墓地としてまとまっている場所にあり（何十軒もお墓がまとまっているのは少ない）、それゆえ親戚のお墓へも歩いていくことができる。

それにしてもこの時ばかりは、墓地は何かのイベント会場？と思うくらい賑やかに混み合っていて、駐車するのもままならない。死後もこれだけたくさんの人が集まってくれて、お祝いもしてくれるのだから、亡くなることは決して寂しくないという考えが沖縄にはある。素晴らしいことだ。いや、それにしても、あの世のお正月の日の墓場は賑やかである。

さて、肝心の重箱料理だが、二段重ねを2組が基本。餅の重と料理の重を重ねる。四段重ねなどもあるが、今は比較的思い思いに、オードブルなどを並べるのが普通だ。餅の重は白い丸

餅、あんこ入りなどを9個。不祝儀の時は白い丸餅だけを使うが、祝いの時には紅白の餅にする。ただし、個数は決まっていて9つ。そうそう、餅といってももち米から作るあの餅ではなく、もち粉から作るすあまのような餅菓子が詰められる。

そして料理の重だが、こちらも基本の数字は9。9種類の料理が入る。まぁ、姑の場合はいろいろなものを作るので詰めているうちにその数は増えていくが、それでも奇数は守る。ちなみに今回詰めた料理は、豚の煮物、飾り包丁を入れたかまぼこ、サカナてんぷら、エビてんぷら、田芋《ターンム》のから揚げ、厚揚げ・昆布・島ニンジン・シイタケの煮しめ、カステラかまぼこ、大根のバラ肉巻きなどの、11種類。これに、食紅を加えて炊いたピンクのご飯のおにぎりが、もう一段加わった。

さらに、お菓子の重も用意されていて、それには石垣島で作られているかるかん（九州のお土産だと思っていたかるかんが、沖縄では意外と日常的にスーパーに並ぶ）、クー菓子（クーは粉の意で、米粉からできている。昔は紅白2色だったから紅白クー菓子といったそうだが、近頃は派手になって緑・赤・白の3色クー菓子になっている）などが詰められていた。

この重箱料理の中身は、沖縄の中でも地域や家系によって違ってくる。首里に嫁いだ友人が、昆布の結び方ひとつをめぐってその親戚同士でも違うやり方を強要してくるので、結局どの結び方にしていいのかわからなくて困った、なんて話も聞く。石垣の姑は宮古の人だったから、さぞや苦労したことだろう。でも、元来工夫好きなので、今では「味つけにちょっと黒酢も足してみたの！」などと、アレンジしている。

「パパヤーンブシー」の味つけは島味噌で

世界各国、どこに行ってものぞかないと気が済まないのが、地元のスーパー。こんなに楽しい場所は他にはない。その土地の人が日常どんなものを口にしているのか、どんなものを食べ

火の神様、火ぬ神（ひぬかん）。台所の決められた場所に必ずある。

左／婿家で受け継がれるパパイアの味噌炒め煮。祖母の十八番だったそう。　右／これが島味噌。この日は白保（しらほ）の島味噌があった。

石垣島

ハマグリ、ガザミ、木の実……。
自然のめぐみに満ちている島

左／オオタニワタリ。八重山では丸まった新芽を炒め物やてんぷらにする。　右／明石の野菜の売店。安くておいしくて元気な野菜ばかり。

左／ボイルしたガザミ。小さいものは味噌汁のだしに使い、身は別にほぐしながら食べる。右上／島の北のほうの海岸で採れるハマグリ。詳しい場所は秘密だそうだ。 右下／わなにかかったガザミ。

て生活しているのか、すると、そこの人間性までわかるような気がするからだ。野菜の類、肉の類、飲み物の類、そして、最も興味深いのが調味料の類である。

石垣あたりは大きな島なので大型のスーパーもあり、ひとつずつ見て回るだけでも結構な時間がかかる。でも、大きなスーパーにも置いていないものがやはりある。それは、石垣でもそれぞれの地域で手づくりしている希少な商品で、それでいて冷蔵庫の中には欠かせないといったものだ。そのひとつが、石垣の島味噌。代表的なのは川平《かびら》の島味噌である。川平は日本で初めて黒真珠（あの沖縄サミットの時のファーストレディーへのお土産となった）の養殖に成功した、とてもきれいな海がある集落だ。

島味噌は米味噌で、石垣は米が採れるのでそれを生かして昔から造られていた。今ではその伝統を守るために島のおばぁたちが一生懸命造っているそうなのだが、まさしく手前味噌。米、大豆、塩、酒が原材料で、種類としては白味噌になるのであろう。ただ、見た目は緑がかっている気がする。味のほうはさほどしょっぱくもなく、逆に優しい甘さを感じるくらいだ。姑は香りづけのためにも少しだけ信州味噌を加えていた。さすが。個人的には、福岡のある味噌屋のエンドウマメの味噌が好きなのだが、その話をすると、かつて、姑も造ったことがあるという。豆の類は沖縄の土地でもよく育つので、いつか私も豆から育てて収穫し、自分で造りたいと思った。

さて、その冷蔵庫には欠かせない島味噌だが、どんな風に使うことが多いのか教わると、一番はアンダンスーに使っているという。アンダンスーとはアンダが豚の脂、ンスーはミスーの略で味噌のこと。油味噌と呼ばれる保存食だ。沖縄では一般的におにぎりの具にすることが多く、保存のきく舐《な》め味噌といったところか。湯がいた豚肉を刻んだものも入っていておいしい。姑のアンダンスーには、アイディアで、これにピーナッツが加わっている。

そして、その島味噌を大いに使って作る料理がパパヤー（パパイア）のンブシー（味噌炒め煮）。姑の義母、つまり、私にとって義理の祖母から伝わる十八番メニューである。まずはパパイアの皮をむき、一口大に切ってから水に漬けてアクを出し、かまぼこ、湯がいた豚肉、こんにゃくもほぼ同じ大きさに切ってボウルに入れる。そして、ショウガのせん切りとグラニュー糖を少々、島味噌をミキサーにかけてすり、水を足して滑らかにしたものを加えて混ぜ、あとは炒め煮にするだけ。みんな大好きな一品だ。

9 秘密の場所にわなを仕掛けて一晩。するとそこには……

「ガザミってよく売っているんですか？」。私が舅《ちち》に尋ねると、「いや、そんなのは自分で捕る」という答えが返ってきた。そして、今晩仕掛けに行ってみようという。石垣の自然はとにかく素晴らしい！　集落を少し散歩するだけで、リカーに漬けられるような木の実がなっているし、香辛料になる葉っぱも壁を伝っている。砂浜を掘り返せば天然のハマグリがコロコロと出てくるし、釣りをすれば大きな大きなクブシミ（コウイカの仲間）があがる。今や、あちこち歩いていてふと木の実や草に目が行くと、これも食べられるのでは？と思ってしまう。

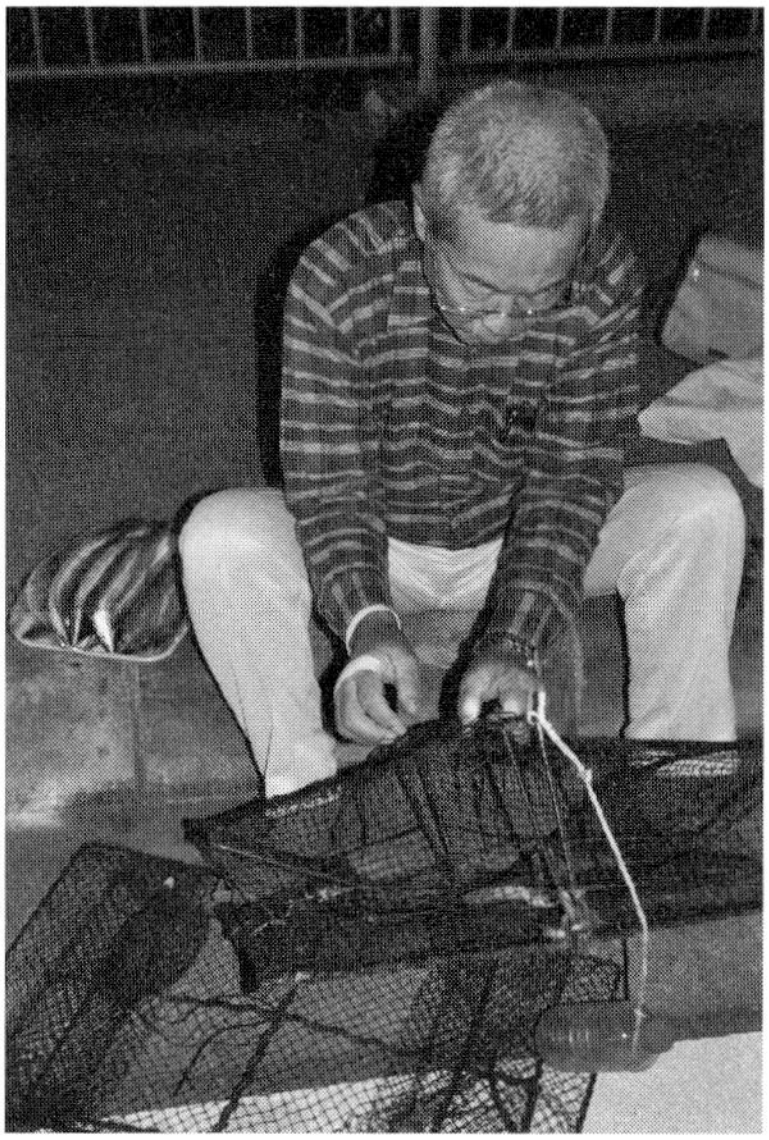

ガザミ捕りのわなを作る舅。

ガザミは正式にはノコギリガザミといって、ワタリガニの仲間。身をほぐして食べるのもおいしいし、味噌汁にするのもいいだしが出て格別だ。

舅は4つのわなを車に積んで、まずはスーパーめぐり。どうやらサンマでおびき寄せるらしい。気に入ったものを調達すると、車を飛ばして約1時間。あたりはすっかり暗くなった。私は電灯を舅の手元に当てながら、仕掛け作りを見守る。どこかネズミ捕りにも似ている。手慣れた作業で準備し終えると、それをマングローブ林の近くに置くという。真っ暗な中、河口を電灯で照らすとグングン海から潮が上がってきている。そうか、わなは潮も読んで仕掛けないといけない。自然と生きる知恵が生活に必要なことを痛感した。普段の生活の中では、自然とのかけひきに知恵をめぐらすことを忘れている。

翌日、わなを引き上げてみると見事にかかっていたと連絡があった。飛んで見に行くと、中くらいの大きさのガザミがいた。ちょっとつついただけで、かなり激しく抵抗する。はさみの力は相当強そうだ。

こうして、またおいしいガザミが胃袋に収まっていく。

西表島《いりおもてじま》

昔も今も変わらない、
この島の豊かさは山のめぐみ・
水から始まる

西表島

八重山郡竹富町《やえやまぐんたけとみちょう》

八重山諸島エリア

人口　2,264人
面積　289.27㎢
位置　沖縄本島の西南西、約420km。
　　　石垣島の西、約18km
交通　石垣港より高速船で大原港へ30分、
　　　船浦港へ40分
宿泊　ホテル、民宿、ペンション、キャンプ場など多数
見所　浦内川、ピナイサーラの滝、西表野生生物保護センター
問い合わせ　竹富町観光協会
☎0980-82-5445
http://www.painusima.com

左／食堂の裏に、捕獲されたイノシシの子供がいた。小さいので山に返す。　右／イノシシのチャンプルー。

左／「やまねこの湯」と名づけられた、日本最南端の露天風呂。　右／軟水なのでお茶やコーヒー、炊飯においしい。

ヘゴが亜熱帯を演出するホーラ川。この川の上流が温水源だ。

西表島の水は命の水

沖縄県内では、本島に次ぐ大きさなのがこの西表島。港もその時の波の具合に対応できるよう、2か所ある。八重山《やえやま》諸島の玄関口・石垣島《いしがきじま》から高速船で30～40分。観光客も多いので、一日で20本くらい船が行ったり来たりしている。もう、幾度行ったことだろう。

でも地図を見るとわかるように、車で通ることができるのは島の半分くらい。近頃人気スポットとなっている舟浮《ふなうき》地区へは、道路が寸断されているので、陸続きにもかかわらず船で渡る。そのもうひとつ向こうの岬にもかつて村があったのだが、そこへももちろん道路はない。チャーター船でしか行くことができない。西表にはじつは未開の地が、正確には未開の山が大きく広がっているのである。だから、幾度行ってもどことなく消化不良で帰ってくる感じがするのだ。東洋のアマゾンという呼び方もあるそうだが、いつか探検隊よろしく、ジャングルの中心地にまで、キャンプでもしながら探検したいと本気で思っている（イリオモテヤマネコを撮影してみたい）。

さて、そんな西表で私が一番気になっているのが水だ。環境省選定の日本の名水百選の中に、沖縄の水は本島の垣花樋川《かきのはなひーじゃー》1か所しか選ばれていない。しかし、それに選ばれなくても、価値のある水がこの島には流れている。それはまさに、歴史的に見ても八重山の人たちを救った命の水である。沖縄の多くの島には山がない、もしくは低いために、水に苦労してきた。でも、西表島は山が多く、水源には恵まれていたのだ。だから、新城《あらぐすく》島《じま》など近隣の島の人は、米や作物を作るために難儀してでも手漕ぎの船で通い、一生懸命働いた。ある時には亜熱帯のジャングルであるがためにマラリア蚊が発生したが、それでも島に渡ってきて作業を続け、ついには発病して、一家の大黒柱や家族を失うといったことが多々起きた。この話を聞かせてくれた新城島のおじぃの大切な兄弟姉妹も、犠牲者だった。

現在、西表島には日本で最南端の温泉がある。西表島温泉である。暑い沖縄で温泉!?という人もいるかと思うが、沖縄で入る温泉も乙である。ジャングル風呂なんてわざわざ演出しなくても、あたりは亜熱帯の森なのでジュラシックパークのようなヘゴなどが生い茂り、雰囲気もばっちり。気持ちのいい露天風呂で、石垣島あたりから地元のおばぁが団体で入りに来ることも多いそうだ（実際、石垣の姑《はは》も温泉旅行だ！と言って船に乗り、大人数で出掛けている）。

そして、じつはここに西表島の名水があるのだ。その昔は地名をとって「高《たか》那《な》の水」という名前で、ペットボトルに入ったものを購入することもできたそうなのだが、今では温泉内でしか飲むことができない。屋根つきの露天風呂の横に「西表島の銘水」と書かれた水飲み場があり、温泉に浸かってのどが渇いたらひと口。風呂上がりのビールもいいが、西表の温泉に入ったらこの水をグビリというのもいいものだ。

温泉の支配人の山田さんにお話を聞くと、水源は温泉の後ろにそびえ立つ島内最高峰の古《こ》見《み》岳《だけ》470メートル。この温泉を見つけたオーナーが、何とか麓のこの場所まで水を引けるようにと、山に分け入って頑張ったのだという。そのおかげで、それまで水のライフラインが整備されていなかったこの界隈の人たちにも、水を供給できるようになった。

人によっては飲み過ぎるとお腹が緩くなる。ほどほどに。

今も昔も西表には水物語が欠かせない。

森からのもうひとつの贈り物、カマイ（イノシシ）料理

ところでもうひとつ、書き記したい西表の森のめぐみがある。それはイノシシ。リュウキュウイノシシといって、県外のそれより小型の亜種になるのだが、地元の呼び方ではカマイ。11月の中旬あたりから解禁となり、2月の半ばまで猟をすることができる。初猟の時はご近所皆さん集まって、刺し身や焼き肉、骨や内臓で作るカマイ汁で盛り上がる。

私はカマイチャンプルーでイノシシの肉を食べてみたが、肉のしっかりとした味わいが何ともおいしい。歯ごたえがまた、旨みを増幅させる。これまでいろいろなジビエ（狩猟肉）を食べてきたが、イノシシの肉がこんなにおいしいとは。一般のイノシシとカマイの味比べを、改めてしたくなったほどだ。猟のシーズンが終わっても保存しておく店もあると思うので、西表に来たら探してみるといいだろう。温泉に入って山の水でのどを潤し、カマイに舌鼓。こんな西表の楽しみ方も贅沢だ。

八重山では少なくなった星砂がまだ採れる。正体は生き物の死骸。

上／のどかな沖縄の景色がたくさん残る。
下／とにかく暑かった散策。何せ木蔭が少ないのだ。

鳩間島《はとまじま》

ドラマ「瑠璃《るり》の島」の撮影で観光客が増加。島で食べるならシャコ貝を

#21 Hatoma jima

鳩間島

八重山郡竹富町《やえやまぐんたけとみちょう》

八重山諸島エリア

人口　60人
面積　0.96㎢
位置　沖縄本島の西南西、約420km。
　　　西表島の北、約7km
交通　石垣港より西表島経由の貨客船で2時間10分
　　　(週3本)、または高速船で約50分。
　　　西表島よりチャーター船で約10分
宿泊　民宿、ペンションあり
見所　鳩間中森、サンゴ礁、星砂
問い合わせ　竹富町観光協会
☎0980-82-5445
http://www.painusima.com

鳩間小中学校の前に広がる砂浜。一度でいいからこんな海を見ながら授業を受けたかった。

左／養殖のシャコ貝の刺し身。独特の海の香りと歯ごたえがおいしい。 右／シャコ貝の化石は飾り物にされることも多い。

鳩間島の美しさは真夏の暑い時が一番

石垣島《いしがきじま》の舅《ちち》に鳩間島のことを聞こうとあれこれ話をしていると、「親戚がいる」と言いだした。びっくり！　ということは、嫁の私にとっても親戚ということだ。これはすごいことだとつくづく思った。横浜生まれで逗子育ちの私に、ある日突然、何と、鳩間島に親戚ができたのだ。何度考えても、どう考えてもこれはすごいことだ。結婚というのは驚くことの連続だと、改めて感じた。

初めての鳩間への旅は、西表《いりおもて》から入った。定期的に出る郵便船を個人で予約し、その配達人が舵《かじ》をとる船に乗り込む。待ち合わせした場所には他にも船を待つ感じの女性がいたので、声を掛けてみた。すると、以前、鳩間島で校長先生をしていた方だそうで、久しぶりに学校をのぞきに行くと言っていた。きっと島の子供たちは喜ぶのだろうな……。

それにしても、約束の郵便屋さんの姿が見えない。西表で食堂もやっていると聞いていたので、店のほうが忙しいのか。吹きっさらしの港はとても海風が強かった。先生と一緒に少しやきもきしてきた。いくら沖縄タイムといっても、30分は過ぎている。沖縄に来て私もずいぶんと気が長くなったが、電話もつながらないのでやきもき。そこへようやく登場。やっと鳩間に渡ることができる。

結局遅れた理由はわからなかったが、無事、10人乗りくらいの小型の船は鳩間に到着した。島に着いてみると、港の近くの道路に敷いたブルーシートに、砂がたくさん広げられていた。近づくと、それは星砂だった。

とにかく暑い夏の日だった。港から売店に行く道すがら、ふと目をやると、木蔭にハンモックを架けて寝ているおじぃがいた。気持ちよさそう。沖縄の夏は日差しこそ強いが、日蔭に入ると心地よい。かつて動物写真を撮りによく通ったアフリカのサバンナのような、さらっとした風が吹く。ただし、その時の私は何の蔭もない太陽ガンガンの道を歩いていたので、汗だくだった。

まずは島内を回ってみよう。とりあえず、荷物を下ろした売店で、アイスを食べながら考えた。レンタサイクルがあるか尋ねたが「ない」とのことだった。島を丸ごと感じてもらいたいから、タクシーも、レンタカーもレンタサイクルもないとの説明だった。なるほどと納得して、また、炎天下を歩きだした。

最初に向かったのは鳩間小学校だった。学校前の海がとてもきれいだと聞いていたからだ。実際にこの目で見た海は、言葉も出ないほどきれいだった。天然のビーチ（本島は今、ほとんどが人工ビーチ）に感動し、砂の白さに感動し、そして、空と海の青さに感動したのだった。こんな海を毎日眺めながら勉強できる、この島の子供たちが羨《うらや》ましかった。

「瑠璃の島」はシャコの島

島そのものの存在への感動が深かったので、食のことが後回しになってしまったが、この島のおいしいものは「シャコ貝」。二枚貝の高級貝だ。近頃は天然ものが減り、那覇《なは》の居酒屋でも久しく食べていなかったので感激。鳩間では、今、それを養殖している。養殖といっても、稚貝をテーブルサンゴなどの間に置いて育てるという、極めて自然に近い状態での養殖。そもそもは7～8年前、養殖事業を県からの推進により八重山《やえやま》全体で始めたというが、台風で打撃を受けてやめてしまったところが多かったと聞く。シャコは体内の藻が光合成をすることで成長している生き物なので、海底の砂などをかぶってしまうと生きていけないからだ。

八重山全体でもシャコ貝は減っているので、鳩間のものもたくさん採れれば市場に出るのだろうが、ほとんどが島内消費。島に行かないと食べられない。これは、足を運んだ者の特権だ。刺し身を酢醤油でいただくのが最高。コリコリとして、磯の香りが深くて、他の貝に例えようがない独特の旨みがある。動物プランクトンを食べる多くの貝と違って、藻の光合成で成長するからなのだろうか、旨みも優しい。

島に行った時に話には出たものの、食べ損ねたのがシャコ汁。シャコ貝を殻ごと煮て、少しだけ味噌を加えるというのだが、なんと、貝殻からも旨みが出るそうだ。だから、味噌もホンの少し。食べたくてもシャコの小さいのが手に入らないと作れないとのことだったが、これはまた行かないといけないということか。勝手にいいほうに考えることにした。

港近くにできた民宿の石垣で、ユニークな浮きのオブジェを発見！　ドラマの影響で民宿が増えた。

黒島《くろしま》

八重山の中で
誰もが認める美しい海の
アーサーを佃煮に

網にかかったタイマイを海に返す。この島にはカメの研究所もある。

黒島

八重山郡竹富町《やえやまぐんたけとみちょう》

八重山諸島エリア

人口　222人
面積　10.02㎢
位置　沖縄本島の西南西、約420km。
　　　石垣島の南西、約16km
交通　石垣港より高速船で約25分
宿泊　民宿あり
見所　仲本海岸、火番盛（プズマリ）、牧場
問い合わせ　竹富町観光協会
☎0980-82-5445
http://www.painusima.com

島の人口より牛の数のほうが多いことで知られる。

上／アーサー汁の作り方を最初に教えてくれたのは清（きよ）おばぁだった。 下／おばぁ特製の佃煮。最近は以前よりショウガがよく効いている。

左／乾燥前に砂をきれいに落とさないと、戻した時にジャリッといやな食感を味わうことになる。 右／清おばぁと、おばぁの採ったアーサー。

牛の島の、おいしいアーサーの佃煮

とても素敵なおばぁに出会った。名前は宮喜《みやぎ》清《きよ》さん、81歳だ。この島で生まれ育ち、とにかく大変なご苦労を重ねながら生き抜き、そして、民宿を始めた。始めてしばらくして、この島の名物「アーサー」を摘んでいるうちに、ふと思いついた。「佃煮にしてみたらどうだろう」。

黒島は牛の島といわれるほど、人口より牛の数のほうが多いので、牛が一番の特産品とされている。年に一度、2月の末に行われる牛祭りには、おいしい牛の丸焼きや名物牛汁などが振る舞われ、帰りの港では石垣島《いしがきじま》行きのフェリーに乗る人が長蛇の列。臨時船を出してピストン輸送しても間に合わないほどの賑わいになる。そして、そんな牛祭りの会場の片隅にも、ちょこんと置かれるようになったのが、清おばぁ手作りの佃煮だ。そのおいしさを知る人は、牛祭りに来ると必ず買って帰る。

黒島付近は八重山《やえやま》の中でもとりわけ海がきれいで、黒島にある八重山海中公園研究所で以前、所長をしていた島《しま》さんは、八重山のありとあらゆるところを潜ったが、一番のお気に入りは黒島にあると言っていた。確かに、気軽に海遊びできる仲本海岸では、ちょこっとのぞきに行くつもりが、リーフ（サンゴ礁）は長いし、浅瀬の海にはたくさんの生き物がいるし、ついつい夢中になり、気がついたら日が暮れそうになったこともある。

そして、そんなきれいな海を持つ黒島では、とびきりおいしいアーサーが採れる。石垣の姑《はは》は、石垣に来ると離島を飛び回る嫁の私に、「黒島は行かんでいいの？　アーサーが今、おいしいよ」などと、その時期には勧めてくれる。そう、八重山人《やえやまんちゅ》の中でも黒島のアーサーは一目置かれているのだった。

清おばぁの人生が込められた味

清おばぁのアーサーのお手伝いをしに行ったのは、確か2

島の中には標語があれこれあるが、これが一番私の気に入ったもの。集落には一軒だけ売店がある。

月、3度目の黒島の時だった。この時の手伝いは、佃煮ではなくて乾燥アーサー作り。おばぁが営む民宿の向かいにある、おばぁの家で作業をした。すでにアーサーは摘んであり、長い廊下に並べて干してあった。わぁ、すごくきれいな緑色！　アーサーは、汁で食べる時に椀の中にふわっと広がるその透明感のある緑もきれいなのだが、それが幾重にも重なった時に出る深い緑色もとても美しい。

見とれていると、「重さを量って袋詰めしようね」と声が掛かった。そう、私はもっと重労働をお手伝いするつもりだったのだが、すでに摘んであって、乾燥もさせてあるアーサーを、グラムで量って透明な袋に入れる作業を残しておいてくれたのだ。でも、おばぁによると、壊れかけたハカリで正確な重さを量るのは目盛りを見るのも難儀だから、このお手伝いが嬉しいという。よし、ならば！　正確に10グラムの差を見極めるのが難しくなっているハカリは、確かに大変だった。

次は佃煮の手伝いか！と思いきや、すでに瓶詰めされたアーサーの佃煮を渡された。この前作ったからと笑っていた。私としては、作るところから一緒にしたかったのだけど、ものづくりにはタイミングがあるから仕方がない。ありがたくいただくことにした。

それにしても、これがおいしい。昔から海苔の佃煮が大好きだった私は、最初にもらった時、アーサーも同じ海藻だからいいかも、程度にしか思わなかった。しかし、食べてびっくり。やっぱり、海の香りが違う。しかも、作り方を聞くと、水分は水の代わりに泡盛！　水は一滴も使わないという。大きな鍋でひたすらかきまわしながら作るのだ。

醤油の味つけがしっかりしている関東で育った私には、少し甘めに感じられたが、何より、清おばぁが佃煮にすることを思いついて、そして、島でただ一人これを作り続けていることに感服した。81歳を迎えた今年も、1年分の民宿宿泊者へのお土産用の分と、宿の食事で使う分、それから牛祭りで出す分は作ったと言っていた。すごいことだ。

彼女の半生を聞くと、きっと佃煮作りは苦労ではなく、楽しい作業なんだろうと想像する。生きるか死ぬかで、もっと大変な苦労をこの島で味わってきたからだ。清おばぁの人生を大学の先生や研究生たちが聞きに来るそうだ。「最初に聞きに来た人は私の人生の半分の話だったけど、その後おじいさんが亡くなって、民宿始めたことの話も聞きに来よったよ。その続きもできたさぁ。さぁ、またおいでね」。

さて、次はいつ行くことにしようか。

おじぃが若い時にデートした
という島のビーチ。いいな、
こんなきれいなところで！

新城島《あらぐすくじま》

タラバよりも毛ガニよりも
ヤシガニが最高！
一度食べたら忘れられない味

#23
Aragusuku
jima

新城島

八重山郡竹富町《やえやまぐんたけとみちょう》

八重山諸島エリア

人口　8人（上地）、2人（下地）
面積　1.76㎢（上地）、1.58㎢（下地）
位置　沖縄本島の西南西、約430km。
　　　石垣島の南西、約25km
交通　石垣島、西表島、小浜島、黒島より
　　　シュノーケリング日帰り観光ツアーあり
宿泊　ー
見所　クイヌパナ、白砂の浜、タカニク
問い合わせ　竹富町観光協会
☎0980-82-5445
http://www.painusima.com

これぞヤシガニ。逃げ足が速い。

空への階段かと思われたクイヌパナ（遠見台）。港近くにある。

パナリ焼はこの島で生まれた貴重な焼き物。つなぎにはカタツムリの粘液を使ったとされる。

左／おじぃ直伝のおいしいソーミンチャンプルー。　右／案内してくれた島仲（しまなか）おじぃ。島はどこも絵になる美しさ。

島のご馳走はヤシガニ

「旅行に行きたいのだけど、どの島がいいか」と聞かれた時に勧めたい島は他にあるが、新城島はそういう島ではなく、私にとってその空気感がとてもしっくりくる特別な島だ。だから、大勢でワイワイ行きたいのではなく、一人で空を仰いで寝ころびに行きたい。そう思ってしまう。

　新城島とは上地《かみじ》、下地《しもじ》両島の総称だが、実際に人が住んでいるのは上地島のみ。その島にお邪魔した時にお世話になったのが、区長の島仲信良《しまなかのぶよし》さんだ。ご家族は石垣島《いしがきじま》に移り住んでいて、仕事も石垣にある。でも、島仲おじぃは生まれ島の新城島が大好きで、折を見ては一人ででも島に渡って生活している。そんな島仲さんの新城島の家に、2回ほど泊めてもらった。

　もう、いろいろな話をした。苦しかった過去の島の話、子供の頃の話、開発の手との葛藤の話、過疎の島になってからも祭りの時だけは再び人が戻ってきて賑やかになる話、新城島で生まれた「パナリ焼」という沖縄でも貴重な焼き物の話、好きになった人とこっそりデートしたビーチの話。尽きることはなかった。そして、島仲さんの口から出てくる話は、どれも書き留めて本にして残さなければいけないのではないか、とまで思うほどだった。

　新城島での滞在は、売店も食堂もないからすべて自炊。何だか舅《しゅうと》と嫁のような感じで、台所に立たせてもらったのが楽しかった。島仲さんは魚汁担当、私は煮魚を任された。2品とも魚料理!?と内心思いながらも、島ならやっぱり魚でしょ！

　材料の魚は、その日釣りに出掛けた島の人が持ってきてくれた。そうそう、家の裏には巨大な冷凍庫があって、魚などが（ほとんどが魚だった）たくさんストックしてあったので、不足があればそこから調達。ちょっとした野菜は畑で育てているし、「米を買う金さえあれば自給自足に近い生活ができるさぁ」と言っていた。島仲さんに作った煮魚は誉めてもらえた。じつは煮物が得意。口に合ってよかった、と食卓が和んだ。

　そんな風にあれこれ一緒に食事の支度を繰り返していると、ある時、ちょっとおいでと例の大きな冷凍庫に呼ばれた。「これは何だと思う?」。冷凍用のポリ袋に平らにほぐされて並べられた白い身は、きっと甲殻類のものだろうと目星がついたが、具体的にはそれが何なのかわからなかった。すると「ヤシガニ」だという。食べたことない！　聞くと、夜、場所を見極めて捕まえるという。昔、沖縄では畑に赤ちゃんを寝かせておいたら、このヤシガニに大怪我を負わされることが多々あったという話を聞いたことがあったが、そのヤシガニを素手で捕まえるのだそうだ。島によっては夜、暗い道を横断する姿を見掛けることもあるが、食べたことはなかった。「捕まえた時にゆでて身をほぐして冷凍しておけば、いつでも食べられるからね」とのことだったが、どうやらとっておきの食材だったらしい。こればかりは島仲さんが調理してくれたのだが、ヤシガニ自身の味噌で炒めたその濃厚な味は今も忘れられない。

とびきりのソーミンチャンプルーを伝授

島仲さんが作る料理はどれもおいしかったが、特に、おいしかったのが「ソーミンチャンプルー」だ。そうめん（ソーミン）をツナやニラと一緒に炒める一品で、沖縄ではこれがうまく作れたらいつでも嫁に行くことができるとされている。簡単そうで奥が深い沖縄料理のひとつだ。

島仲さんは、私におじぃ流ソーミンチャンプルーを伝授してくれるという。喜び勇んで生徒になると、こだわりはそうめんの選び方から始まった。黒帯で結ばれたような少し高めの、いいそうめんを選ぶのがいいのだという。そして、そうめんをゆでる時は、まだ堅いくらいでパッと湯から上げる。そして、それを炒める時は単に炒めるというのではなく、炒め煮のような感じで。つまり、麺の湯をすっかり切って油で炒めると、どうしても麺の粘り気が出てベタベタにくっつく、だめなソーミンチャンプルーになる。だから先にツナとニラを炒めてだし汁を加え、そこにごま油をたらり。そして塩を加え、味を整えたところに先ほどのそうめんを入れ、味のついたスープを麺に吸わせるように炒め煮にすればバッチリ！　なるほど、コツはわかった。後はスープの量の加減と味つけ具合。自宅に戻ってからも幾度となく作ってみた。

おかげで、私はこのソーミンチャンプルーが作れるようになった数年後、めでたく八重《やえ》山人《やまんちゅ》の嫁になったのだった。

沖縄の家の多くには、クーラーの代わりに扇風機が数台ある。初めは戸惑ったものの、慣れると快適になってきた。

小浜島《こはまじま》

本島・糸満海人《うみんちゅ》の血を引く
小浜海人が真剣に取り組む
絶品モズク

上／細崎（くばざき）からは西表島（いりおもてじま）が目の前に見える。ここはマンタの通り道の海。 下／大岳（うふだき）からの夕陽。陽が落ちると帰り道は灯りがないので真っ暗に。

小浜島

八重山郡竹富町《やえやまぐんたけとみちょう》

八重山諸島エリア

人口　643人
面積　7.84㎢
位置　沖縄本島の西南西、約420km。
　　　石垣島の西、約12km
交通　石垣港より高速船で約25分
宿泊　ホテル、民宿、ゲストハウスあり
見所　大岳、シュガーロード、
　　　ヨナラ水道（マンタの通り道）
問い合わせ　竹富町観光協会
☎0980-82-5445
http://www.painusima.com

上／島での暮らし用に作られる小浜織。 右／海岸で採れるミルスベリヒユ。ピーナッツ和えなどで食べられる。

左／黄色いチューブは潜る時に空気を送るもの。若い芽は手摘みするというが、大変な作業だ。それにしても海が美しい。　右上／若モズクにはぬめりがしっかりとあるものだとは知らなかった。　右下／昼間採った生モズクをすべてに使った料理の数々。煮物、てんぷら、味噌汁、そして、究極はワサビ醤油でつるつる！　ご主人のお勧めは梅肉マヨネーズで。生がこんなにおいしいとは。流通に乗せるには冷凍しかないそうだ。

島の西の端にある小さな集落「細崎」で出会ったもの

今ではもう昔の話になってしまったが、小浜島はＮＨＫの朝の連続テレビ小説「ちゅらさん」の舞台になった島だ。だから島内ではその舞台となった場所が名所のようになり、島の展望台にも「ちゅらさん」の名前がつけられている。

そんな小浜島に細崎《くばざき》という場所がある。ここは目の前が西《いり》表島《おもてじま》というロケーションで、島の中心の集落からは少し離れている。私は宿を探す時、この少し離れた海の近くの集落を選んだ。理由はない。何となくそこに行きたかったからだ。後から知ったのだが、ここは生粋の八重山人《やえやまんちゅ》が暮らす集落ではなく、歴史をさかのぼると、本島の糸満《いとまん》の海人《うみんちゅ》（漁師）がルーツだとわかった。それは明治末期のこと。カツオ漁が八重山で盛んだった頃に、ここは餌の供給地となり、13ものかつお節工場が立ち並んだ。その時、漁業入植したのが彼らだったのである。だから細崎は漁業の村。何となくそんな匂いがわかったのか、そこの宿に泊まってみたかった。

まだ観光客も多くない時期で、宿でもゆったりできた。食事もおいしく、大正解。しかも、宿のおばぁと話しているうちに、明日のモズク漁の船に乗せてもらえることになった。モズクってどうやって養殖して、どうやって採るのだろう。朝から天気もよく、海が見える民宿での目覚めも最高。気持ちいいなぁ。

ふと見ると、おじぃは漁の支度をしていた。私は子供の頃から手仕事が好きな父がやっていることに何でも興味があって、「それは何？　何に使うの？　どうやるの？」とよく聞いていた。いつの間にか、おじぃにも質問攻め。見たことのないものが次々と出てくるのが、たまらなく面白かった。

いざ、出発！　無線での連絡が聞こえてくる。どうやら石垣《いしがき》島《じま》に住む息子たちが漁の手伝いに来るようだ。待ち合わせ場所は海の上。なんて素敵な！

細崎海人が採るモズクのおいしさたるや！

養殖場の海に着いて愕然とした。何、この海の青さ！　その色のきれいさは、今思い出しても新たな感動を私の中に引き起こすほどだ。位置としては、小浜島と竹富島《たけとみじま》との中間あたりとおじぃは言っていた。2島の間は、驚くことに浅瀬が続く。モズクを育てるには最高の海だ。それにしても、その海の美しさと太陽の輝き、どう表現していいか、言葉が追いつかない。透明度のとても高い海で、天気も含めた条件が揃うと、船が海に浮いているのではなく、空間を飛んでいるような写真を撮ることができる。これまで他人のそんな写真を眺めるにつけ、いつか自分も撮れたらいいなぁと思っていた。それが、今、ここでなら撮ることができるかもしれない！　そんな最高の海がそこにあった。

　感動に浸っている私の横で、おじぃが着々と収穫の準備を整えている。息子たちも合流した。今日の収穫は、まだ若芽の頃なので、バキュームで吸うのではなく手摘みすると言って、息子たちに黄色いエアチューブを渡した。彼らはこれをくわえて潜り、網いっぱいに収穫しては浮上してきた。

糸満海人の伝統のアヒル料理にするため、たくさんアヒルが飼われていた。

「加工用に出荷するモズクは、加工の段階で水分を吸ってカサが増すようにと熟したものが好まれるけど、モズクとして本当においしいのは若モズクだよ」とおばぁが説明してくれた。しかも「ぬるめ（ぬめりのこと）が本島のものより多いのが八重山のモズクだし、しかも若モズクだとさらにぬるめも増すから最高」と、にっこり笑った。そして、海から引き揚げたばかりのモズクを勧めてくれた。いうことなし！　八重山の海水がまたいい塩梅《あんばい》だ。

　おじぃは研究熱心で、モズクの種（苗）の培養も自分でやる。普通は業者から仕入れるのに、そんなことまでやっているのはもしかしたら八重山でただ一人ではないかと、おばぁが苦笑いする。塩漬けに使うマース（塩）も高級品にこだわる。

　夜の食卓は、これでもか！というほどのモズク尽くし。魚のモズク煮、モズク汁、モズクのてんぷら、そして生モズク。生モズクはおじぃの研究の結果、ワサビ醤油と梅肉マヨネーズがおいしいと勧められた。本土ではモズク酢がほとんどだが、男性は嫌がる人が多い。「ワサビ醤油で食べたらいいのにね」。でも、そのためには生のモズクを手に入れなければ。冷凍モズクが流通すればいいのだ。私は勝手に小浜島のモズク大使になりたくなった。

左／瓶の下に敷いてある布巾に書かれているのは、竹富で使われてきた象形文字のカイダー文字。↓と山のマークは醤油を表す。 右上／狩俣（かりまた）家の屋根のシーサー。 右下／造った醤油を寝かせている。蓋は近所から集めた炊飯器の内釜！

竹富島《たけとみじま》

島のおじぃとおばぁが赤瓦屋根の家で仲よく造っている島醤油

麹菌と醤油の材料を混ぜるのにぴったりな、元カイコ小屋。

竹富島

八重山郡竹富町《やえやまぐんたけとみちょう》

八重山諸島エリア

人口　322人

面積　5.42㎢

位置　沖縄本島の西南西、約410km。石垣島の南西、約4km

交通　石垣港より高速船で約10分

宿泊　民宿、ゲストハウス、ユースホステルあり

見所　コンドイビーチ、赤瓦屋根の町並み、喜宝院

問い合わせ　竹富町観光協会

☎0980-82-5445

http://www.painusima.com

左／2度目からはレンタサイクルで回るか、歩くのがおすすめ。新しい風景に出会うことができる。　右上／観光客の乗った車を引いて歩く水牛。耳にハイビスカス。とても情緒がある。

右下／春先の竹富。南の島もそれなりに春の装いになる。

突然お邪魔した狩俣家では……

石垣島《いしがきじま》から高速船でわずか10分。しかも、一日30便以上が往来しているという、まさに沖縄の山手線ともいうべき交通事情。八重山《やえやま》観光に来た人たちが気軽に立ち寄っていくため、オフシーズンがないといっても過言ではないかもしれない。

　そんな竹富島で最近話題になっているのが「竹富島醤油」。最初その名前を聞いた時には、南国の醤油だから、例えばタイのナンプラーのような魚醤のことかと思った。さてはまた、新しい特産品でも開発したのかと軽く考えていたら、それは大間違いだということがわかった。竹富島醤油は島の人間に聞くと、誰もが「島醤油ね」と、我が島のものである証拠の「島」を醤油の名称につけて返ってきた。そんなに認知されているものなの？　夫の同級生に教えてもらって、造り手の狩俣《かりまた》さんのお宅を訪ね、びっくりした。魚醤なんかじゃない、れっきとした大豆から造るあの醤油を造っていたのだ。

　あいにく、狩俣はつおばぁは石垣のほうに出掛けているとのことだったが、表に応対に出てくれたご主人の正三郎《しょうざぶろう》さんが、少しずつ話を聞かせてくれた。おばぁと二人で造っていること。材料は麦、大豆、かつお節、泡盛、麹菌で、そのうち、麦と大豆は九州から取り寄せていること、造るのは大変なこと、などなど。

　そうこうしているうちに、家の前に車が止まり、一人のおばぁが降りてきた。もしかして!?　なんてタイミングがいいのだろう。私の後の船で、石垣から戻ってきたという。私は造り手のおばぁの顔を見ることができただけでも嬉しかったのだが、何ともご親切に、家に上げて話を聞かせてくれたのだった。お疲れのところ申し訳なかったのだが、せっかくなので遠慮せずに。座卓を囲んでおじぃの隣に座らせてもらった。

　テレビには、先日島で行われた丑年生まれのお祝いの会のビデオが流れていた。二人とも数えで85歳の丑年生まれの同級生。4歳のひ孫が舞台に上がってカチャーシー（お祝いの踊り）を踊っている姿も映し出された。さんぴん茶をいただきながらこうしていると、風通しがよく、すっきりした佇まいで、二人が凛として、楚々として暮らしている空気が感じられ、妙に居心地よく感じてしまった。

　そんな私の様子を察したのか、おじぃは沖縄の黒糖菓子・タンナファークルを勧めてくれながら、「こんなもてなしはないぞ」と言い、笑っているとも怒っているともつかない表情をした。私は、島のおじぃというのはわざと意地悪っぽい言い方を

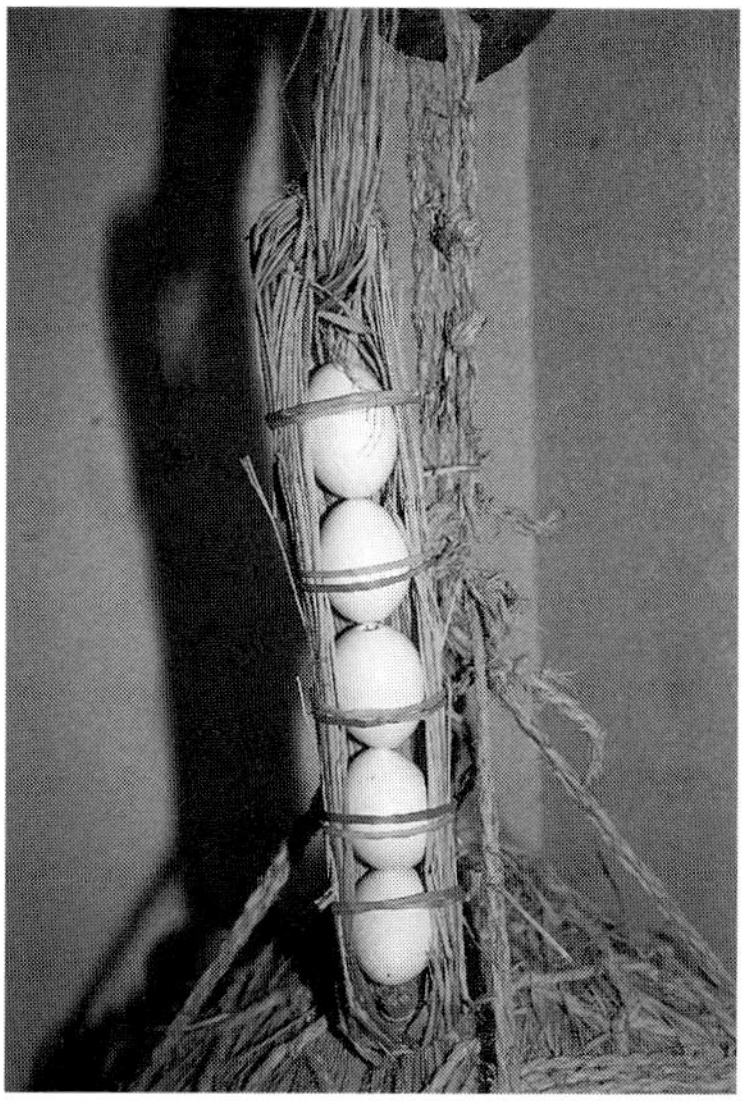

昔、竹富島では大切な卵が割れないように、このように藁（わら）にくるんで運んだ。

することがあるのを知っていたので、勝手にいいほうに解釈した。そして、しばらくののち、おばぁに醤油を造っている醸造所を見せてもらうことにした。それは母屋の裏手にあった。

島醤油は竹富島の台所の味がした

醸造所は狩俣家の裏手にあった。10段ほどとはいえ、階段があり、85歳のおじぃとおばぁが上り下りするのは難儀だろうし、雨でも降ったら足元が心配になる。くれぐれも無理しないで。さて、そんな階段を一緒によいしょと上ると、入り口前の小さな畑にいろいろな野菜が植えてあった。畑仕事までしているのかと思うと頭が下がった。「うちで食べる分くらいはこれで十分なの」と笑う。本当に素敵なおばぁだ。

醸造所は立派な建物だった。聞けば以前はカイコ小屋だったそうで、桑の葉を広げてカイコを育てていた場所は、麹菌を広げて材料と混ぜる場所にぴったり。できた醤油を寝かせる場所も、なんだか湿度もちょうどよさそうな空間がある。醸造所のために作った場所といってもよさそうなくらいだ。

その昔、竹富島ではどの家庭も醤油を自分のところで造っていたそうだ。しかし、だんだんとその手間の面倒さから造らない家庭が増えていき、最後には狩俣家だけになってしまったという。そうなると近所からよく物々交換を頼まれた。祝い事の料理を作る時には、特によく配ったそうだ。みんなが造るのをやめていく中、最後の一軒になっても造り続けてきたのはなぜかと聞くと、「売っている醤油がおいしくなかったから」と。確かに沖縄の醤油は九州から入ってくる甘口のものが主流で、関東育ちの私としても口に合わず、東京に出張に行った際、重たいながら醤油もよく買って帰ってきていた。

余談になるが、ふつう、刺し身は醤油にワサビ、あるいはショウガかニンニクといった感じだが、沖縄ではその甘口の醤油に酢を入れて食べる。それはそれのおいしさもあるのだが、すし

#25 Taketomi jima

竹富島

八重山そばにピパーチを振って。優雅な香りが、そばを引き立てる

左／集落内の石垣に自生しているピパーチの実。さすが唐辛子と同じく、上を向いてなる。　上／八重山そばには欠かせない調味料、ピパーチ。置いていないそば屋はない。

上／養殖されている車エビ。 右／「食事処やらぼ」で食べられるエビそば。じつはこのそばの味つけに、狩俣さんの島醤油が使われている。

左／色鮮やかなブーゲンビリアがそこらじゅうに。 右／これが自生しているピパーチ。葉も刻んで料理に使うとおいしい。

屋に行った時にその甘口の醤油を出されると、途端に「ご馳走さま……」の気分になってしまう。

はつおばぁも、甘口の醤油には首を横に振る。「だから自分で造るのよ」と。造り方は代々伝わったものとのことだったが、どんな作業にご苦労されているかと聞くと、正三郎おじぃは、大豆を空炒りし、麦を大鍋で炊く時の加減、このあたりが大変という。甕《かめ》に入れたり、搾ったりする時もすべて手作業なので、そんな時には娘夫婦が助けに来てくれるそうだ。まだまだシャキシャキでとても85歳には見えない二人だが、醤油造りにはやはり体力も必要だ。搾って漉《こ》す時なんて、つくづく大変だろうと察する。

仕込んでから製品になるまで、9か月から1年近くかかる。あまり早いときれいな色が出ないという。色は、醤油といってもきれいな琥珀《こはく》色なのが特徴だ。おばぁが甘口の醤油はどうもと言うだけあって、竹富島醤油は量を加減しながら使わないと濃い。アーサー汁や中身（豚の内臓）汁、沖縄そばなど、さすが、沖縄の料理には最高にピッタリくる。もちろん、そのほかに炒め物や肉ジャガなどの普通の煮物も、グンとおいしくなる。さらに説明すると、一般的には熱処理してある醤油がほとんどだが、これはそのまま、麹が生きている。発酵して生きている醤油なのだ。素晴らしいものを造っている二人に心から感動した。その大切な伝統の味を、私たちにも分けてもらえることに感謝である。

それにしても、寝かせる醤油甕の蓋に炊飯器の内釜を選んだ話には大笑いさせてもらった。「ざるじゃ虫が入るし、何かちょうどいいものはないかなぁ……と探していたら、これがピッタリだったの。でも、家にはひとつしかないからご近所に声を掛けて、いらない釜をいっぱい分けてもらいました」と、はつおばぁ。炊飯器の釜が10個近くも集まるなんて、それも私には驚きだった。

「食事処やらぼ」は、エビそばのほかに、八重山そばもおいしい。

コーヒーにも合うコショウ、ピパーチが ここには自生している

沖縄では沖縄そば屋に行くと、大概の店に沖縄コショウ、ピパーチがそばの調味料として置いてある。これが不思議と沖縄のそばに合うのだ。島唐辛子を泡盛に漬け込んだ「コーレーグース」も欠かせないが、コーレーグース以上においしさを引き立てるのがピパーチだと思っている。ラーメンにコショウといったところだろうか。でも、実際使ってみると、そばだけではなく、炒め物に入れてもおいしいし、コーヒーにもよく合う。ピパーチは独特の優雅な香りがいいのだ。

竹富島に行くと、このピパーチが集落によく自生している。自然のピパーチがたくさん生えているのは竹富島が一番。なぜなら、町並み保存といって、竹富島は古き昔のよき住まいを残しているので、当然、石垣もそのままに残っている。ピパーチはこの石垣に生息するのが好きなのである。

石垣島や、本島あたりでもないことはないが、石垣が減ってきている分、見掛ける姿も少ないのだ。石垣島では以前、ふるさとの郷愁を誘う代表的な植物として、ふるさと創生資金でピパーチの街づくりに取り組んだこともあるが、どうやってもなかなかブロック塀には馴染《なじ》まないらしい。だから量が採れず、今では貴重なコショウと呼ばれているのだ。

ピパーチはコショウ科で、南アジア原産のツル性木質植物。インドネシア、ジャワ、マレーなどに分布している。2月頃になる実は、長さ3センチから4センチ弱程の唐辛子のような形をしていて、空に向かって生えている。熟してくるとオレンジ色から赤っぽくなっていくが、香辛料として使う場合はまだ青いうちに採ってから、蒸して一旦干す。すると黒くなるのでそれを碾《ひ》いて粉にするのだ。やはり碾きたてが香りもいいので、石垣の姑《はは》は黒くするところまで一気に作業すると、後はそのまま冷凍庫に。そして使う時に使う分だけミルで碾く。

そしてまた、ピパーチは葉も素敵な食材になるのだが、てんぷらにするのが割と一般的。しかし、ジューシーご飯（沖縄の炊き込みご飯）を炊き上げる時に、それを刻んで碾いた実と一緒にご飯に混ぜて炊くと、これが最高！　ピパーチジューシーを売っているところはあまり見掛けないが、ちょっと大人の炊き込みご飯になる。

ちなみに、竹富島に行った時に石垣に生えているピパーチを見掛けたら、島の人に声を掛けてから摘むように心掛けたい。収穫を楽しみにしているお宅もきっとあるはずだから。

波照間島《はてるまじま》

日本最南端の
製糖工場と酒造所でできる
黒糖と泡盛の逸品

#26
Haterumajima

波照間島

八重山郡竹富町《やえやまぐんたけとみちょう》

八重山諸島エリア

人口　562人
面積　12.77㎢
位置　沖縄本島の西南西、約450km。石垣島の南西、約45km。日本最南端の有人島
交通　石垣空港より飛行機で約25分。
　　　石垣港より高速船で約1時間、
　　　またはフェリーで約2時間
宿泊　ホテル、民宿あり
見所　ニシハマビーチ、高那崎、
　　　南十字星（12月中旬～6月末）
問い合わせ　竹富町観光協会
☎0980-82-5445
http://www.painusima.com

右／畑の大半はサトウキビ。シュガーロードと呼ばれる道があちこちにある。 中／塩味をほのかに感じさせる波照間島の黒糖。 左上／年明けから春先までの収穫時期は、クレーンが大活躍。 左下／面倒な手刈り作業はかなりの重労働だ。

左／ニシハマビーチにはウミガメたちもよく産卵に来る。 右／こんなビーチを見ていると、リピーターが多いのもうなずける。

左／東京の泡盛専門店では、一升瓶が4万5000円にもなると聞いた幻の泡盛「泡波（あわなみ）」。 右／さすが地元！ 泡波の空き瓶がゴロゴロ。

果てのウルマ（サンゴ礁）の島の自慢の味

波照間島は一人旅の観光客が多い島のひとつだ。島を回っていると彼らによく出会う。シーズンもあるのかもしれないが、私が行く時はそれが結構な数で、それゆえ、どこを歩いてもたった一人という状況になかなかなれない。きっと向こうもそう思っているのだろうが、「誰にも会いたくない、一人で歩くのを楽しみたい」という願いが叶いにくい。サトウキビ畑の中の道でも、海へ続く道でも、集落の端っこの道でも、必ず誰かに会ってしまう。人気の島だから仕方ないのか。

そんな波照間島の自慢といったら、黒砂糖と泡波《あわなみ》という泡盛。どちらも波照間好きなら早々に試していることと思うが、このふたつの共通点は塩だ。波照間の地下水はわずかに塩を含んでいる。だから、どちらにもその塩が味に微妙に作用しているように思えるのだ。泡波は蒸留するから直接的に塩味がするわけはないが、それを仕込み水として使っている限り、味への影響は否定できない。「泡波は美味《うま》い！」と断言する人の舌をうならせるのに貢献しているはず。また、黒糖のほうもそうだ。沖縄7か所の製糖工場と付き合いのある人物が教えてくれたが、「波照間の黒糖は塩の味がします」。泡波と波照間産の黒糖がおいしい理由はここにあると、島に行って確信した。

ところで、暑い沖縄を歩く際の必需品であり、私にとって離島めぐりの「三種の神器」のひとつなのが「黒糖」。アフリカなどに取材に行く時も必ず携帯するが、体力が落ちてきた時には黒糖が一番。せっかくなので、その土地の黒糖がある島では島のものを買って回ることにしている。そんな中、これまで一番のお気に入りだったのは粟国島《あぐにじま》の黒糖だ。県内で唯一、直火鍋で作っているとのことで、私にとっては草の香りがするのが好みのところだ。

波照間島にはコンビニもスーパーもないので、とりあえず、共同売店を目指した。でも、真夏に行った私がいけなかったのか、サイクリングという選択がいけなかったのか、暑いのなんのって。公民館近くのそこに辿り着くまでに、シャツが絞れるくらいに汗をかいた。ヘトヘトになった私は、黒糖より、まず氷菓の「ガリガリ君」に目が行った。あー、うだる！　ガリガリ君もすぐに溶けるよぉ。

冷たいもののおかげで少し落ち着いた私は、冷静になって黒糖を買うことにした。あった、あった、黒糖。ベンチに座って口に放り入れた。「塩味」がする。汗をかいて塩不足になったから感じるのではない。しっかりとわかる。塩はまた、甘みも増幅させる。おいしい！「なるほど、これが波照間の黒糖のおいしいところだ」と、一人汗をぬぐいながらにんまりした。後味にもしっかり塩が残る。これまで好きだった粟国島の黒糖とは、全然違うタイプだ。一方が畑の緑の味なら、もう一方が海の味。甲乙つけがたい。

なかなか、なかなか手に入らない島酒

黒糖をしっかりカバンに入れて、次の目的、「泡波」探しが始まった。泡波は幻の泡盛として、石垣島《いしがきじま》なら一升瓶で５０００円、那覇《なは》なら２万円近く、さらに東京に行くと４万円以上という値段もつく。それがさすが波照間島で、島を回っているとあちこちに、石垣島の請福《せいふく》と一緒に泡波の空き瓶がゴロゴロと転がっているではないか。島の人にとっては幻ではないのだろうか。私は熱狂的な泡波ファンではないが、手に入りにくいと聞けば、何とか求めたいと思うのが人の心というもの。

ちなみに、幻扱いされているには理由がある。それは、６か所もあった酒造所がみんなやめてしまい、泡波だけが残っていること。それから、家族で造っているので少しずつしかできないこと。そんな点が価値を上げている。島に来る若者の中には、泡波が手に入るまで滞在している人もいるという。

波照間に５つある集落の５つの共同売店を回ってみたが、置いてなかった。泡波の酒造所に行っても買えないことも知っていた。うーん、飲み屋で飲むのでは那覇にいても同じだし。

帰りのフェリーの時間が迫っていた。乗り遅れるわけにはいかない。また、来るしかないか。そう思った時、最後の最後に思いがけないことが起きた。途中、島を案内してくれたおじぃが、島を出る時こっそりと渡してくれたものがあった。それがなんと泡波の三合瓶！　信じられない！　その泡波はありがたく、ありがたくいただいた。そして、発見した。波照間の黒糖をつまみにロックが最高！　なんて幸せ。

日本最南端の道路標識。ここではすべてが最南端になる。

与那国島

八重山郡与那国町《やえやまぐんよなぐにちょう》

八重山諸島エリア

人口　1,618人
面積　28.91㎢
位置　沖縄本島の西南西、約500km。
　　　石垣島の西、約110km。日本最西端
交通　石垣空港より飛行機で約30分。
　　　石垣港よりフェリーで約4時間。
　　　那覇空港より飛行機で90分
宿泊　ホテル、民宿、ペンション多数
見所　西崎（いりざき）、立神岩（たちがみいわ）、海底遺跡
問い合わせ　与那国町商工観光課
☎0980-87-2241
http://www.town.yonaguni.okinawa.jp

上／毎朝4時からかまぼこを揚げる奥さん。　左下／道具はほとんどがご主人の手作り。　右下／注文のお祝いのかまぼこ。

アーサー入り、ヒジキ入り、ゴボウ入り、プレーンタイプの4種類を作っている。

与那国島《よなぐにじま》

ドラマ「Dr.コトー診療所」の
舞台、日本最西端の島に
幻のかまぼこあり！

日本で一番最後に沈む西崎展望台からの夕陽。人気のスポットだ。

左／島の泡盛「どなん」をくるむのに使われているクバの葉。どなん＝渡難は、与那国島の昔の呼び方。　右／おとなしい性格とされる与那国馬。

関東のかまぼこと沖縄のかまぼこ

沖縄に来てその名前に違和感を感じる食べ物がいくつかある。その中で特にピンとこないのがてんぷらとかまぼこ。さすがに移住して8年ほどになると使い間違えることはないが、どこか違うといつも思ってしまう。

まずは「てんぷら」だが、私に言わせれば沖縄のてんぷらは天ぷらではなくフリッターだ。なぜって、天ぷらの衣はいかに薄くつけるかが勝負だが、沖縄のそれはいかにたっぷりとつけるかが勝負。どう間違ってもカリッ、サクッという音は聞くことができない。天ぷらだと思って食べると、どうも消化不良を起こしそうになる。でも、その沖縄のてんぷらを許せるのは、おいしいからだ。ぼてっとだらしない感じがするものの、衣に塩味をつけているのでそのまま食べてもいける。しかも、こちらではおやつ感覚で食べるので、食事というより気楽な食べ物になっている。

さて、そして問題は「かまぼこ」だ。横浜生まれで、大人になってからは下町好きだった私としては、かまぼこは小田原だし、そば屋の板わさが素敵なおつまみだと思っている。つまり、厚さ1センチ弱の板の上にドームのように形作られて蒸された「かまぼこ」と、同じ呼び方で違う食べ物が存在するとは、夢にも思わず生きてきたのである。ところが、「お土産にかまぼこねー」と言われ、主人の故郷・石垣島《いしがきじま》から買ってきたものは、どう見てもかまぼこには見えず、いうなれば「ちぎり揚げ」、もしくは「ひと口さつま揚げ」。でも、これが沖縄では「かまぼこ」と呼ばれることがわかった。

ものの本を調べてみると、かまぼこの定義は魚のすり身を使うことだそうで、全国各地で作られている中、その加熱方法によって様々なものがあるとされている。なるほど、沖縄のかまぼこの原料は魚だけど、確かに小田原のかまぼことは製法が違う。でも、やはりネーミングには納得がいかない。

与那国に幻のかまぼこがあるとの噂が

与那国島に行くことになった時、一番の楽しみは、石垣のねぇねぇ（義姉）が「幻のかまぼこ」と言っていた、それを探すことだった。那覇《なは》からの直行便で1時間以上。あと少しで台湾という位置にあるこの島は、日本の最西端。道路には牛が悠々と歩き、牧草地では与那国馬がのんびりと草を食んでいる。

さて、かまぼこ屋さんはどこだろう。旅の荷物を宿に置きに行く時間も惜しみ、持ったまま探してみた。島の人の評判を聞

入り口には正月飾り。沖縄の人は松の内が過ぎても長く飾ることが多い。

き込んで1軒に絞り込んだのは（といっても、島には2軒しかかまぼこ屋さんはなかったが）、屋号が徳食品。店の前には猫が数匹寝ころんでいた。猫も、材料になるおいしい魚があるかどうかがわかるに違いない。

期待度100%で「ごめんください！」と声を掛けてみたが、返答なし。店の中もがらんとしている。少し嫌な予感。ようやく奥から出てきた奥さんに「かまぼこが……」と切り出すと、あっさり売り切れ御免との答え。すっかりがっかりしていると、「朝ならありますよ。朝4時から作ってますんで、いらっしゃいます？」と言われた。もちろん参ります！

翌朝は久しぶりにかなりの早起きをした。早朝の暗い道に迷いながら辿り着くと、すでにかまぼこは油の中でぷっくりきつね色に膨らんでいた。「おはようございます！」。揚げている奥さんの近くには、海人《うみんちゅ》（漁師）のご主人もいた。出来上がると配達に出掛け、それが済むと材料の魚を釣りに出るという。

ここのかまぼこのおいしさのひとつは、このご主人が釣り上げる魚にある。シビ（マグロ）とシイラ100パーセントで作られているのだ。石垣あたりのものは冷凍の輸入魚の身を原料にしていると聞くので、どう考えてもおいしさは違うはず。私のお腹が鳴ったかどうかはよく覚えていないが、「食べてみてね」と奥さんが声を掛けてくれた。アチコーコ（沖縄の方言であつあつ）は格別おいしい。黙ったまま満足げに頬張っていると、「味の勝負は冷めてからなのよ」。冷めてもおいしくコリコリ……というかまぼこを作ろうと、ご主人と二人、何年も研究してきたという。これまで、与那国のかまぼこはただ固いというのが定評だったそうだ。

それにしても、毎朝4時から揚げて大変そうに思えたが、「毎日が勉強だし、東京みたいな忙しさと違って、自分からやりたくて働いているからね」と、楽しんでいる様子。お二人の人柄とかまぼこへの思いが、丸ごとおいしさになっていた。

宮古島《みやこじま》

宮古派？　石垣派？　観光客が二分されるビッグアイランドの沖縄そば

砂山ビーチへ駆け込み、サンセット！
雲の中に太陽が隠れる前に間に合った。

左／古謝（こじゃ）そば屋と古謝本店。どちらも親戚同士の店だが、老舗は古謝本店。間違えないように。　中／オリジナルのうやきそば。これ以上のせるものはないだろう。　右／シンプルな定番の宮古そば。

西平安名崎（にしへんなざき）から望む池間（いけま）大橋。宮古の海の美しさは、沖縄の中でも群を抜いている。

宮古島

宮古島市《みやこじまし》

宮古諸島エリア

人口　48,065人

面積　159.22㎢

位置　沖縄本島の南西、約270km

交通　那覇空港より飛行機で約45分。
　　　羽田空港より飛行機で約3時間

宿泊　ホテル、民宿、ペンションなど多数

見所　東平安名崎（ひがしへんなざき）、
　　　与那覇（よなは）前浜、島尻のマングローブ

問い合わせ　宮古島観光協会

☎0980-73-1881

http://www.miyako-guide.net

スズカボチャ、ゴーヤー、島ニンニクなど、オリーブ以外は全部宮古の島野菜で作っているパン屋「空猫十字社」のフォカッチャ。店には島素材のパンがたくさん並んでいる。

9 標語「そんなに慌ててどこへ行く」が今でも残る島

時速30～40キロ。宮古島に行く時、いつも飛行機の中で考えることがある。それは自動車を運転する時のスピード。宮古島の人はえらく運転がゆっくりなのだ。だから、到着までに「ゆっくり運転」の暗示を自分にかけなければならない。嘘のような本当の話で、宮古島市内から橋続きである池間島《いけまじま》方面への一本道に入ったところで、前に宮古の車がいたら、もうあきらめムード。快適な一本道なのにひたすらのんびり走る。追い越すこともできず、30～40キロをきっちり守る宮古人《みやこんちゅ》の後ろをついていかなければならない。小さい島でスピードを出す道がないのなら別だが、大きくて道幅も広い宮古島なのに、いかなるところでもゆっくり運転なのだ。

島に入ってしばらくは那覇《なは》の感覚が残っているので、このスピードに慣れるまでに時間がいるが、「慌てない、慌てない」と言い聞かせているうちに、宮古の時速に合ってくる。せっかちな那覇や石垣島《いしがきじま》とは大違いだ。宮古人は沖縄の中でもちょっと違う。でも、根がのんびりな私は、そんな宮古の空気が心地いい。落ち着くのだ。そして、つけ加えるとすれば、「のんびりだけどきっちり」が宮古の人。ますます私にはしっくりくる。

しばらくぶりに来ると、ゲストハウスとそば屋が増えていた。まず、何はともあれ、腹ごしらえにそば屋へ。せっかくなので、新しいそば屋に入ってみた。そばというのは、ここ沖縄では「沖縄そば」。そして、沖縄そばとひと口に言っても、それぞれご当地風があり、八重山《やえやま》そば、久米島《くめじま》そば、名護《なご》そば、与那原《よなばる》そば、やんばるそばなどに大別される。本島でも北のほうに行くと平打ちタイプの麺になり、中南部では少しよれたうどんタイプになる。宮古そばは、元来、本島のそばより細くてちぢれがなく、スープはあっさり。そして、具は麺の下に隠してあるものとされている。ただし、今は創作そばが花盛りなので、逆に伝統的なオーソドックスなものになかなか出会いにくくなっている。宮古島も例外ではない。

たとえば、今回最初に立ち寄った新しい宮古そば屋さん。夜は居酒屋にもなるのであろう、そば屋といいながらもつまみメニューもたくさん並ぶ。とりあえず宮古そばを注文。自家製麺とあるので期待が膨らむ。目の前に運ばれてきてみて、まず見た目が違った。麺がちぢれている……。さすが手打ちと言っているだけあってしこしこ感は最高だったが、スープと合わせていただくと全体的にラーメンに近かった。久しくラーメンを食べていなかった私は内心大喜びだったが、宮古そばとは思えなかった。やっぱり老舗《しにせ》に行こう！　島に住む親戚のおじさんや友人にも確認して、古謝《こじゃ》本店に行くことにした。

やっぱりおいしい、宮古そばの老舗「古謝本店」

老舗には老舗にしかない歴史と味がある。改めて「古謝本店」に行って、宮古そばと一緒にそれを味わった。沖縄の町にそば屋が増え、多くの人がそばを食べるのを楽しめるようになったのは、大正時代に入ってからのこと。この古謝本店は宮古で一番古くからの店で、創業70年になるという。

注文した古謝そばをはさんで、私の向かいに座ってくれた76歳の奥さん、古謝ウメさんがいろいろな話を聞かせてくれた。最初の話はご主人のことだった。店の2代目となったご主人は、陸軍士官学校を卒業するような優秀な人だったそうで、それがまさか、そば屋を継ぎ、自分がそば屋の嫁になるとは思わなかったという。店屋をすることに当時はちょっと抵抗があったのだろう。でも、「商売は正直にしていればできる」との助言に、心を固めたというご主人の人柄がまた、ウメさんにはいとおしいようで、ニッコリ笑顔になったのが印象的だった。

ご主人が引き継いだ古謝そばは、古謝家が一族でずっと守っていて、創業当時から製麺所もつくって、今でも親族が手掛けている。宮古そばの定義通り、製麺されているのは少し細めのちぢれていない麺。食べてみても納得のおいしさ。麺の歯ごたえもさることながら、私には重過ぎないその麺の軽さが食を進ませた。

そして、古謝そばそのものの話題に及ぶと、今度は息子さんの話になった。3代目を引き継いでいるとのことなのだが、ここから話は息子さんの花嫁募集に終始した。「もう40過ぎているのよ。誰か来ないかしらね、お嫁さん！」「でも、もしかした

古謝本店の古謝ウメさん。トライアスロン大会を含めて外国人も多く来店するので、毎週末英会話教室に通い、勉強。もう4年も続けているそう。

#28 Miyakojima

宮古島

美しい海から揚がった
色とりどりの魚が並ぶセリ市場

水平線に沈む夕陽はいつ見ても美しい。

上／こんなに入って、グルクン1袋1000円！　沖縄では唐揚げが定番料理だが、グルクンはおいしい白身なので、塩焼きもおすすめ。　下／一般の人がよく買いに来る朝の魚市場。どの店もグルクンが一番多く並ぶ。

左／平良（ひらら）漁港にあるセリ市場では、水揚げされたカラフルな魚がズラリと並ぶ。この日、一番の高値で売れたのは、手前の伊勢エビだった。　右上／セリ市場にいるのは卸業者がほとんど。カラフルな魚は宮古の海人（うみんちゅ）が捕ったもの。一番奥は、池間海人が捕った深海の高級魚と、列が決まっていた。　右下／中央のつなぎの人がセリを仕切る。笑い声はない。

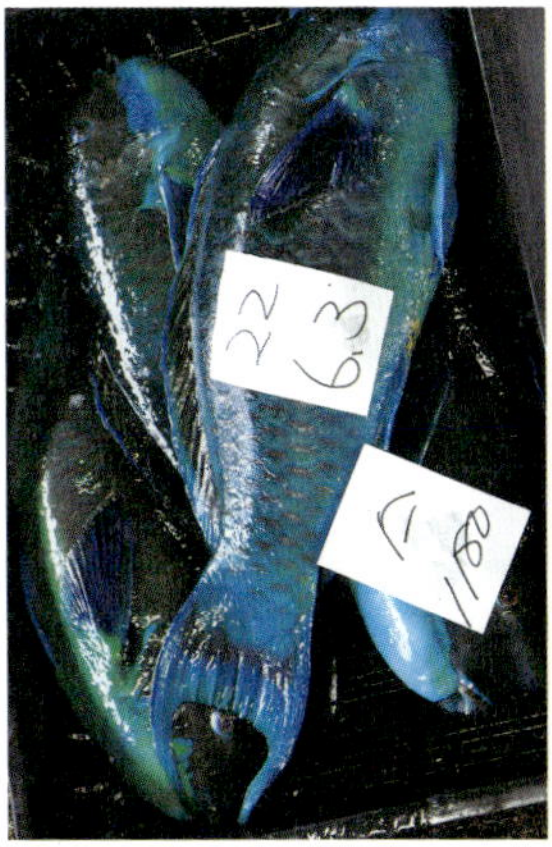

左／多少くせのあるイラブチャーは、刺し身のほか酢味噌和えに。　右上／アカジンはバター焼き、味噌汁に。　右下／アカマチはタイの仲間。刺し身にする高級魚。

ら、考えている人がいるのかも」「ううん、そんなことはないいないわ」「息子さん、条件が厳しいのでは？」「ううん、そんなことはないわよ。一度学校の先生がお嫁さんにという話もあって、昼間は先生をしながらでもお嫁さんに来てくれたら嬉しいとも思ったけど、やっぱりお店を一緒に手伝ってくれたらいいわ。ねぇ、誰かお嫁さんに来ないかしらねぇ」。息子さんで3代目の真一さんに直接どうなのか聞くことはできなかったが、どうやら4代目のことも心配しているようだった。

そんな花嫁募集の話の合間に、3代目の古謝そばへのこだわりを何とか聞き出すと、彼のそのこだわり具合は相当なものだった。よりおいしいスープを取るために、東京の築地に足しげく通ってみたり、「うやきそば」という新しいメニューをあれこれと考え出してみたり。ちなみにこの「うやき」とは、宮古島の方言でお金持ちとか、資産家の意味だそうで、宮古そばの上に、定番のかまぼこの他、ソーキ、テビチ、三枚肉などがてんこ盛りにのっている名物メニューだ。

さぬきうどんの有名店の主がある日やってきて古謝そばを食べ、「私にはこんな美味《うま》いそばは作れません」と台所をのぞきながら言ったという。単なる3代目ではなく、職人肌がそば屋に合ったのだろう。きっとお嫁さんは、そのあたりの古謝そばへのこだわりを理解してあげられる人が望ましいに違いない。今度行った時にお孫さんがいるといいな。素敵なお嫁さんが来ますように。ウメさんの安心した笑顔が見たいと思った。

宮古魚市場のセリは面白い！

漁港のある土地では、早起きして魚市場をのぞくのが好きだ。これまでは、フカヒレ用のサメや、水族館でしか見たことのなかったマンボウ、外洋の大物が揚がる気仙沼の魚市場が印象的だったが、宮古の魚市場は、見たことのないカラフルな魚がたくさん並ぶのが楽しい。それに、私みたいな観光客がひょっこりとカメラを持ってその場に突然行っても、気軽に声を掛けてくれるのも嬉しい。2日続けて行った時には、「また、来たか！」と笑顔で迎えてくれる人もいた。

平良《ひらら》漁港には朝、魚市場が開かれる場所が2か所ある。一か所は露天の店がずらりと並び、一般の人が買いに来るところで、グルクンがほとんどだ。そして、もうひとつが、仲買人が集まるセリ市場。やっぱりこちらのほうが面白い。「これは何の魚か知ってるか？」と声を掛けられ、よく教えてもらうのだが、方言なので覚えきれない。イラブチャー（ブダイ）くらいは私もダイバーなのでわかるが、それ以外で覚えたのはセイイカとアオマチくらい。セイイカは最初、足を切って並べてあると知らずに、なんだかヘンな姿のイカだと思ったので覚えられた。アオマチは深海の高級魚で、それを釣り上げる池間海人《うみんちゅ》に以前教えてもらったことを思い出したのでわかった。でも、そのくらい……。沖縄の魚の名前は難しい！　和名も一緒に覚えようとするから余計、頭の中でこんがらがるのだ。あー、長いカタカナは頭に入らない！

初日、「セリに行くなら、8時くらいまでに行けばいいんじゃない？」。そう言われた私は、朝4時くらいからわくわくして何度も時計を見直し、起きる時間を待っていた。それでも少し早めに出て向かったが、着いてみると何だか雰囲気がおかしい。魚が少ない。今日は不漁だったのだろうか。いや、そうではなく、ほとんどの魚が売れてなくなっていたのだ。一人の人が親切にも、「昔より30分早くなったから、明日また早くおいで」と教えてくれた。せっかくだったのに残念！　2日目は気合を入れて早々に到着。今度はたくさんあるある！　伊勢エビまでいる。別に買うわけでもないが、ひとしきり見て回るだけでも楽しい。セリ札を持った人に声を掛けてみると、「セリでもやってみる？　50万くらいからかな」と、自分のセリの札とチョークを差し出しながら笑って言う。

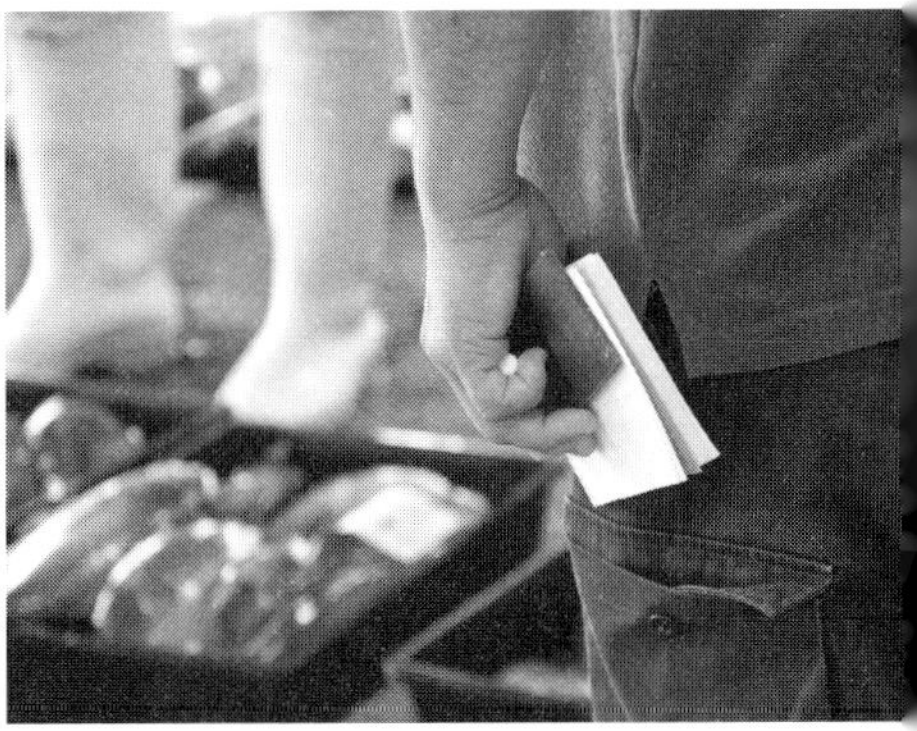
セリの時には、この板に落としたい金額を書き込んで提示する。提示は一発勝負。緊張の一瞬だ！

そうこうしているうちにセリが始まった。県内では比較的背の高い人が多い宮古島の中で、さらにひときわ高いお兄さんが、長い棒で魚の入った籠《かご》をひとつひとつ指しながら値段を決めていく。セリ落としはどの魚に集中するのだろうと思ってみていたが、思いの外、それぞれの仲買人が目をつけているものは、暗黙のうちにすみ分けられているようだ。ひとつの籠に3人以上が絡んだのは数えるくらいだった。これは想像だが、八《や》重山《えやま》だったら、性分的にもう少し白熱するのかも。

2日間で顔見知りになった人たちに、「明日はもう来られないから。どうもありがとう！」と言って、市場を後にした。

伊良部は「いらふ」＝「緑に彩られた美しい島」という意味の口語にちなんでいるそうだが、その緑とはカツオのことも含むのかもしれない。釣り上げた時のカツオは美しく萌黄（もえぎ）色に輝くからだ。

伊良部島《いらぶじま》

この島に来たらやっぱりカツオ！ なまり節、かつお節、佃煮、お土産はカツオ三昧

市場では女性がテキパキ魚を捌（さば）く。

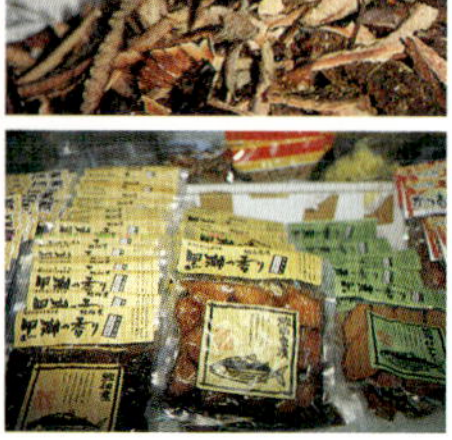

上／かつお節を成形している。作業は手慣れたものだ。 下／港のお土産屋さんに並ぶ、カツオ尽くしのあれこれ。

佐和田（さわだ）の浜に沈む夕陽。日本の渚百選に選ばれている。転がる岩は大昔の津波で打ち上げられたものとか。

伊良部島

宮古島市《みやこじまし》

宮古諸島エリア

人口　6,109人

面積　29.08㎢

位置　沖縄本島の南西、約280km。宮古島の西、約4km

交通　宮古島・平良港より高速船で約10分、
　　　またはフェリーで約20分

宿泊　ホテル、民宿、ペンションあり

見所　佐和田の浜、渡口の浜、牧山展望台

問い合わせ　宮古島市役所経済課伊良部経済室

☎0980-78-6255

http://www.irabujima.com

伊良部の海は八重山（やえやま）にない青さ。

県内有数の漁獲高を誇る海人の島は パヤオ発祥の地

伊良部島の佐良浜《さらはま》漁港に宮古島《みやこじま》からの船が入る時、その表玄関の様子が気に入っている。大概の港というのは、島の中でも少し開けた平らな場所にあるものだが、伊良部は絶壁の岩がお出迎え。しかもまさに、島の港町という感じたっぷりで情緒がある。船旅は、乗る船によって10分、12分、20分、25分と乗船時間が違うのも面白い。旅行客には値段が比較的安いカーフェリーがおすすめである。

島に着いたら、すぐに車を走らせてどんな島か回りたくなるが、伊良部は港の周りが面白い。なんとなく雰囲気に惹《ひ》かれてうろうろしていたら、魚市場を見つけた。カツオがずらりと並び、まるで以前訪ねたモルディブの魚市場そっくりに思えた。ただ違うのは、モルディブでは宗教上女性はあまり外に出ないので、市場で売るのも買うのも男性ばかりが目立つが、ここは違う。おばぁが元気だ。カツオを捌《さば》いているのも、大きな声を出しているのも、買っていくのも女性。

私もあまりにもおいしそうな鮮度ばっちりのカツオを買いたくなったが、よく考えたら旅の途中。う～ん、どうにもならないので渋々あきらめた。返す返す残念。仕方ない、あとでかつお節を探してみよう！

伊良部はパヤオの発祥の地とされている。パヤオとはフィリピンのタガログ語で「海での漂流物や流木」を示す言葉で、それらを利用した漁をそう呼ぶ。フィリピンではヤシの葉を束ねて海に浮かべると回遊性の魚がやってくるので、それを生かした漁がある。それを伊良部の佐良浜の海人《うみんちゅ》（漁師）がヒントにして、人工的に浮き漁礁（魚の集まる岩場）を浮かべたらどうだろうかと試してみたのが始まりだそうだ。すごい思いつきだ。今ではそのパヤオで大物釣りをしに来る観光客も多い。

クリームにグラニュー糖がまぶしてある、隠れた名物「うずまきパン」。宮古島空港と伊良部島内で売っているものが本家だそう。

２０１２年には宮古島と伊良部島を結ぶ長い橋が完成する計画がある。車で渡れるのはお手軽だし、島の人の生活も楽になるのかもしれないが、港の風情がなくなってしまわないかと懸念する。

念願のかつお節を発見！
昔懐かし、かつお節削りの音を思い出して

何度も言うが、海人の島・伊良部島はカツオの島だ。私は勝手に、南の暑い島でかつお節ができるわけないと思い込んでいた。なまり節には京都のイメージがあった。だが、この島に来る直前に、かつお節やなまり節もあることを知った。これを見ずして、買わずして、食べずして帰るわけにはいかない！

私の頭の中では、自宅のキッチンの棚の奥で眠っているかつお節削り器を引っ張り出して、ゴリゴリ削る自分の姿が浮かんだ。そんなことをするのはいつ以来だろう。子供の頃、母の手伝いでよく朝ゴリゴリやったことが懐かしかった。

あれこれ考えているうちに、島で加工品を手掛けている女社長・久高照子《くだかてるこ》さんを紹介された。久高さんが開発した商品はいろいろと賞も受けていると聞く。

工場に入って最初に目が釘づけになったのが、なまり節のなまりを手作業で成形しているところ。島の女性が立ち仕事で手際よくしゃっしゃっと削っていく。こういう職人的作業を見るのは本当に楽しい。うわぁ、かじりたい、とも思った。それにしてもよく切れる包丁だなぁなんて感心しながら。

久高さんはじつに上品な感じの宮古美人だった。ご主人も長男もカツオ船に乗っていて、カツオは考えるともなく身近にあったという。もともと専業主婦だったのだが、島の生活改善活動の一環で料理教室を担当し、そこでカツオ料理を教えたのが事業の始まりだと教えてくれた。昭和62年当時、まだ島にはお土産なんてほとんどないに等しい状況だった。試しに空港に置いてみたらどうだろう……。それが宮古島トライアスロンの時期と重なり、カツオの南蛮漬け・佃煮の詰め合わせ20箱は完売！　以来、アイディアを生かしてアイテムも増やしてきたのだそうだ。

私は、肝心のかつお節はあるかと尋ねた。もちろん、作っていた。「削り器はお持ちですか？」との質問に、満面の笑みの私。頭の中ではあの、ゴリゴリの音がリフレインしている。こうなると匂いもしてくるから、想像はすごい。削り器を持っていることに感心され、ますます削り節で頭も気持ちもいっぱいになった。

右／真っ青な空と海の中、頭上を降下するジャンボジェット機は圧巻だ。左上／下地島で、島の住民が暮らすたった一軒がここ。 左下／訪ねた3月、目の前の可愛い畑は、島ラッキョウが収穫の時期を迎えていた。

下地島《しもじじま》

ジャンボジェットが飛び交う訓練飛行場の島で初めて出会ったグルクンの塩漬け

上／次から次へと出してくれた手料理が、テーブルいっぱいに並ぶ。左上から時計回りに、「ウサギの耳（トゥナラ）」の和え物、ポテトサラダ、スクの酢漬け、タコの墨炒め煮、島ラッキョウ、カツオの酒盗、黒米おにぎり。そして中央がグルクンの塩漬け。　下左／これがウサギの耳。形が似ていることや、実際にウサギが好きな草であることから名づけられたという。特別に育てるのではなく、雑草のように生えている。
下右／ウサギの耳を摘んだかと思ったら、あっという間に一品に。いくらでも食べられそうなおいしさだった。

下地島

宮古島市《みやこじまし》

宮古諸島エリア

人口　48人

面積　9.54㎢

位置　沖縄本島の南西、約280km。伊良部島の西に隣接

交通　伊良部島より6カ所の橋でつながる陸路

宿泊　キャンプ場あり

見所　通り池、帯び岩、下地パイロット訓練飛行場

問い合わせ　宮古島市役所経済課伊良部経済室

☎0980-78-6255

http://www.irabujima.com

魚屋ではなかなか手に入らない小ぶりのグルクン。島の海人（うみんちゅ）が直接捕ってきてくれたものだ。

下地島、唯一の住人に運よく遭遇

下地島は伊良部島《いらぶじま》に限りなくくっついている。地図で見てもそうだし、実際島に行ってもそう感じる。橋が6本も架かっているのでどこからでも双方に行き来できるし、その橋の長さもほんのわずかなので、境目も感じられない。でも、決定的に違うのは住民が多いか少ないかである。伊良部島には６０００人を超える人が暮らしているのに、下地島に実際住んでいるのはたったのひと家族だけ。他には、島にジェットパイロットの訓練飛行場があるのでその関係者が住んでいるが、みんな県外から来た人たちで宿舎に寝泊まりしている。

ちょっと余談になるがこの民間機の訓練飛行場、一見の価値あり。普段はジャンボジェットが数分おきに頭上数十メートルのところから降りてくる。飛行機の真下に入って仰ぐことができるのだ。こんなシーンはマニアでなくとも興奮するはずだ。

ところで、そんな下地島の住人だが、最初、どこにいるのかもわからなかったし、正直彼らに出会うまでは、住んでいることも知らなかった。宮古島《みやこじま》の人にさえ、「あそこには航空関係者しかいないはずだし、下地出身者なんて周りにもいないし聞いたこともない」と言われていたのだ。島の中を行ったり来たりしても、家なんて見当たらない。キャンプ村があるが、人の気配はない。あまりうろうろすると、ここが下地島だか伊良部島だか、果たして今、自分はどっちにいるのかわからなくなる。

うーん、どうしよう。道を曲がったらたまたまガソリンスタンドが目についたので、声を掛けてみることにした。そこの奥さんであろうか、ちょっと日蔭になった短い階段のところで島ラッキョウの皮をむいていた。「すみません、下地島に売店はありますか？（売店があれば地元の人がやっているのであろうと考えて）」「どなたかの農場はありますか？（せめて畑仕事をしにやってくる人がいるかもしれない）」「食堂とかありますか？

「おつまみになるものばっかりだけど」と言いながら、おいしいものをたくさん教えてくれた仲宗根初枝さん。

（どこか人が集まる場所があれば、もしかして）」……。あれこれ考えて質問してみたが、答えはノー。
「じゃあ、やっぱり住んでいる人はいないと聞いたのは本当だったんですね？」。すると、今度は「いいえ、私たち家族だけが下地に住んでいます」ときっぱり。「ええっ、そうなんですか！」。住人に会えた！　説明によると、このガソリンスタンドの前が、伊良部島との境界線だという。じつは私、下地でガソリンスタンドを見つけたことにこの時気がついたのだった。

店では食べられない、グルクンの塩漬け

「その島ラッキョウは伊良部から買ってきたのですか？」。たったひと家族の住人と出会うことができて嬉しくなった私は、気になっていた島ラッキョウのことを矢継ぎ早に尋ねた。
「ううん、ほら、そこのギリギリ下地島の土地に雑草と一緒に育てているのが、うちの畑よ」。見に行くと、雑草の間に島ラッキョウやら島ニンニクやらが青々としていた。あれこれ話をしだすと、今度はお手製の料理を次々出してくれた。最初は島ラッキョウと、タコとタコ墨の炒め煮。私の夫は島ラッキョウが苦手で、私は普段食べられずに我慢していたから、この時は１００倍嬉しかった。いやいや、それにしても何ておいしいこと！

　そうこうしているうちに、先ほど畑で摘んだ「ウサギの耳（方言ではトゥナラ）」と呼ばれる、まるでウサギの耳のような形の葉っぱの和え物が出てきた。生のままみじん切りにし、水に放ってアクを取り、ツナとマヨネーズで和えたと説明してくれたが、くせのない味の葉でこれまたおいしい！　私がガチマヤー（食いしん坊）と見抜いたのか、その後も料理は続いた。グルクンの塩漬け、カツオの酒盗、スクの酢漬け、どれもこれまで口にしたことのない味つけのものばかりだった。

　話を聞くと、奥さんの名前は仲宗根《なかそね》初枝《はつえ》さんといって、那覇《なは》で知り合って結婚した下地島出身のご主人と8年前に伊良部島に越し、その後、下地島に移ってガソリンスタンドと建築業を営んでいる。料理は伊良部仕込み。「うちは酒飲みが集まるから」と、なるほど酒のつまみにピッタリの料理の数々に納得。

　それにしても、グルクンの塩漬けは逸品だった。グルクンといえば唐揚げが一般的で、それ用に20センチほどのものが売られているが、店先には並ばない小さめのグルクンを捌《さば》いて塩漬けにし、酢醤油で食べる。初めての味に感激！　どんなに泡盛が飲みたくなったか。車でなければと、この時ほど思ったことはなかった。

右／カーキタコは、大神のおじぃが作る、量産できない貴重な珍味。
左／カーキタコの一番おいしい料理は炒め物。隠し味ははちみつ。

大神島《おおがみじま》

謎のベールに包まれている
神の島で食べることのできた
貴重なカーキタコ

大神島

宮古島市《みやこじまし》

宮古諸島エリア

人口　35人
面積　0.24㎢
位置　沖縄本島の南西、約270km。
　　　宮古島の北端の東、約4km
交通　宮古島・島尻港より小型船で約15分
宿泊　ー
見所　遠見台、奇岩
問い合わせ　宮古島観光協会
☎0980-73-1881
http://www.miyako-guide.net

左／散歩の途中で出会ったおばぁは、おじぃと作った島ラッキョウをていねいに海で洗っていた。 下／乾燥させたベニバナは、お茶にするそうだ。

お年寄りが多く、また、坂道の多い島では、移動用にゴルフ場のカートが大活躍。

沖縄でもとりわけ神聖な島に一晩宿泊

沖縄には神聖な場所が多くある。その中でも、とりわけいろいろな話が飛び交い、たとえ隣の島の人間だったとしても見ることは許されない秘祭が行われる島として、神秘的なイメージを持たれているのが大神島だ。そんな島に私が渡ることができるのか直前まで不安だったが、宮古島《みやこじま》の友人の助けを借りて行くことができた。しかも、島のおばぁの家に泊めてもらえるという。ありがたい。

友人は宮古の狩俣《かりまた》の住人で、大神とそこはちょうど対岸にあり、昔からゆかりのある場所とされている。祖神（ウヤガン）との関係において、大神島の神は母神（ンマヌカン）、狩俣の神は男の子の神（ビキツガン）、それから狩俣の隣の島尻《しまじり》地区は女の子の神（ミガヌファカン）とされ、母子神の関係にあるといわれているのだ。友人の両親がその大神島の出身だったこともあって、こんな機会に恵まれたが、そもそも大神島は観光地ではないので宿泊施設もない。興味を持って渡る人もいるが、他の島とはちょっと趣が異なる。

しばらく友人家族と島を回っていると、立派な公園のある海に出た。公共工事の予算が下りたのか、島の雰囲気にちょっと似つかわしくない近代的なデザインの広い公園だったが、その近くの海で一人のおばぁが何やらバシャバシャと洗っている姿を見つけた。「こんにちは！」。話を聞いてみると、宮古のスーパーに出荷する島ラッキョウとのことで、商品にするからていねいに洗っていると答えてくれた。3種類のざるを使い、何度も何度も海水で洗っていたのだが、腰は痛くならないのだろうか。おじぃと一緒に収穫したそうだが、どこのスーパーに並ぶのか気になった。作業を終えて帰る後ろ姿まで見送ったが、果たしてどこまで歩いて帰るのだろう。公園の階段は長くてきつそうだったのに、そんなところをスイスイ歩く健脚ぶりには驚いてしまった。

ひとしきり島内を回ってから、泊めてくれるおばぁの家に行った。友人家族が宮古に帰る時間となり、改めて泊まる実感が湧いてきた。ちょうど島は母の日のお祝いをする日。そのお知らせの島内アナウンスが集落に響いた。

宮古島からお嫁さんが一人、おばぁの世話をしに来ていた。今晩お世話になる無礼を恐縮しながら伝えると、逆に「島に一人残しているから心配なので、来てもらって安心だわ」と優しく言ってもらえた。お嫁さんは台所で黒っぽい小さな魚を煮つけ、そしてやはり、その日のうちに宮古に帰っていった。

島のおばぁと私と台所

　一人暮らしになってどのくらいなのか定かではないが、こぢんまりときれいに整理しているお宅だった。沖縄の離島は、民宿であっても「えっ、ここに泊まるの!?」という、覚悟のいる散らかった宿も多いが、おばぁはきちんと暮らしているのがよくわかる。孫たちが遊びに来ると必ず飲ませてあげると言っていたお手製のヨーグルトドリンクを、私にもご馳走してくれたのがとても嬉しかった。ほんのり甘くて優しい味。人柄そのものだった。

　私はとにかく台所が大好きなのだが、おばぁは嫌がることなく通してくれた。気になるものがたくさん並んでいる。「ご飯を炊いたのが余ると、こうしてラップして、冷凍庫に入れるの。一人だから、余るのよ」と、照れくさそうに言った。

　しばらく台所の説明をした後、冷凍庫から何やらパックを取り出してきた。「タコですか?」。のぞき込むと、スライスしたタコがぎゅうぎゅうに詰まっている。「カーキタコといって、干したタコ。島で作っているんだけどおいしいさ。食べる?」。もちろん!

　カーキは、方言で「乾いた」という意味。そのままつまむのかどうするのかと想像していると、炒め物にするという。スライスした玉ネギと一緒に炒め、味つけははちみつ、だしの素、醤油。あっという間においしそうな一品ができた。

　夕飯はそれと、お嫁さんが作っていった煮魚とご飯。島のめぐみが食卓に並んだ。思いがけないご馳走。後でわかったことだが、そのカーキタコは大神のおじぃが作る名物で、宮古のスーパーに並ぶのもわずか。幻のカーキとまでいわれているそうだ。中には、モクマオウという木でスモークしたものもあると聞くが、何より、大切なものを食べさせてくれたおばぁに感謝だった。

対岸にある宮古島の狩俣から見た大神島は、逆さ富士のよう。

多良間島《たらまじま》

小さな離島の伝統菓子は
昔から伝わる母の味。
花の形をしたパナパンピン

#32
Taramajima

空から見た多良間島はサンゴ礁の海岸が美しく、磯遊びが楽しそうに思える。

沖縄風水では幸せを呼ぶといわれるクロトン。火ぬ神（ひぬかん。P105参照）や仏壇などに飾られる。

多良間島

宮古郡多良間村《みやこぐんたらまそん》

宮古諸島エリア

人口　1,318人
面積　19.75㎢
位置　沖縄本島の南西、約330km。
　　　宮古島と石垣島の中間あたり
交通　宮古空港より飛行機で約20分。
　　　宮古島・平良港よりフェリーで約2時間20分
宿泊　ペンション、旅館、公共コテージあり
見所　ふる里海浜公園、フクギ並木、八重山遠見台
問い合わせ　多良間村役場総務財政課観光担当
☎0980-79-2260
http://www.vill.tarama.okinawa.jp

伝統菓子を作る家庭が少なくなるのは寂しい。

右／このお菓子のことを知ってもらいたいと、観光客の手作り体験も手伝っている。
左上／きれいに並べられたパナパンピンはまさに職人技。　左下／形作りは簡単そうに見えて難しい。

いつも飛行機から見ていた丸くてまっ平らな島に降り立つ

多良間島には「八月踊り」という国の重要無形文化財に指定されている伝統芸能があるが、なかなかタイミングが合わなくて見に行けずにいる。今回の訪問も7月。いつかきっと機会があるだろう。そう思いながら、宮古《みやこ》空港から多良間に向けて飛行機に乗り込んだ。

那覇《なは》から宮古島に行く時には、いつも機内アナウンスで「前方に見える平らな丸い島が多良間島でございます」と言われ、上空からはよく眺めていた。そんな、上から見ていただけの島にようやく行くことができる。しかも、この島には手仕事の細かい菓子がある。楽しみでたまらない。

気になっているものは、やはりぱっと目につく。到着後、ちょっと集落内を回りかけると、すぐに「パナパンピン・たらま花」の看板を見つけた。一度電話をかけてみて話し、再度寄らせてもらう時間を確認した。

約束の時間までちょっと間があったので、先に島内を回ってみることにした。まずはスーパー。気になるものはないかチェックしながら、飲み物を確保する。沖縄の夏場に島内を回る時には、特に飲み物の確保は不可欠だ。島によっては売店がほとんどなかったり、自動販売機もなかったり、集落を離れた途端、ずっとでこぼこ道で飲み物どころではなかったりする。そうそう、黒糖やチョコレートなどの疲労回復品も必ず携帯するようにしている。

伝統菓子「パナパンピン」は花のてんぷらという意味

沖縄の菓子類は、とにかく細かい作業を重ねて作るものと、暑さゆえか、さっと焼くだけ、揚げるだけでできるものの、両極にあると思う。細かいほうの最たるものが琉球王朝菓子の「結《きっ》餅《ぱん》」と「冬瓜《とうがん》漬け」。今回の「花のてんぷら」という意味を持つ多良間島の「パナパンピン」も、細かい作業で仕上げる菓子の部類である。「手作業だし、作るのは面倒なんですけど。多良間の伝統なので頑張って作り続けています」。時間になって訪ねた「たらま花」の津嘉山光子《つかやまみつこ》さんは、優しい笑顔でそう言った。

このパナパンピンは伝統菓子というだけあって、島ではずいぶんと昔から食べられていた。今でこそお土産品になっているが、そもそもは家庭の菓子。祝い事や法事などの行事の時は、必ず作っていた。おやつのない時代の子供たちには、それがとても特別で貴重な菓子。サーターアンダギー（砂糖てんぷら）にそれぞれの家庭の味があるように、パナパンピンもみんな家庭によって少しずつ味が違っていた。材料は小麦粉、牛乳、卵と塩だが、ずっと以前は粟《あわ》の粉を使っていたこともあったとかで、それはかなり固かったらしい。

　こんな話を聞きながらも津嘉山さんの手が止まることはない。熟練の手というのはすごいものだ。「パナパンピン」はその形を見ているだけではどんな風に作っているのか想像がつかなかったが、手元を見せてもらってよくわかった。材料を調合し、生地をこねて伸ばす。そして包丁で長さ5センチ、幅5ミリに切り、その3本をキュッと寄せて束ねてくるりと花びらのように輪を作り、根元を重ねてぐっと押さえる。すごい！「最初子供の頃、お母さんに作ってあげる！と挑戦した時はものすごい太い花びらになってしまって、今でも思い出すと恥ずかしい」と、昔の笑い話を教えてくれた。

　突然「やってみますか？」との声。やってみたい気がしたが、私が作るとその花がぼたんになりそうで、遠慮した。

　その後、「せっかくですからどうぞ」と言って出してくれた、袋詰め前のメロンパンをご馳走になった。買い求めるものより、心なしかサクッとしている。作り手の目の前で食べられる幸せは、何ものにも代え難い。

　ところで、多良間島を回っていると、「海への昇降口」という意味がある「トゥブリ」にたくさん出会う。これはつまり海岸へ続く道で、いずれも突き進むとプライベートビーチになりそうなほどに美しい海に出る。手にした地図には41本とあったが、もう少しあるのではないだろうか。一度で全部行くことはできなかったが、島の人それぞれにお気に入りの「トゥブリ」があるに違いない。私も、自分のお気に入りの「トゥブリ」を見つけたい。

葉の形がきれいなクワズイモ。沖縄以外では観葉植物にされる。

アフリカのサバンナかと思えた放牧の様子。写真を撮ろうとトラックの荷台に立ち上がった私に驚くまで、みんな座ってくつろいでいた。

水納島《みんなじま》（多良間村）

天国に一番近い島がここに！
そんな場所でのびのび育つ
宮古牛の子供たち

左上／島を勝手に散歩する宮古牛にかじられたアダンの葉先。　左下／どうやら海岸にも散歩に来るらしい。砂浜にウンチ発見！

右上／宮古の牧場に移される間際の宮古牛の子供。私と同じ誕生日だった。　右下／島の中に柵は一応作ってあるが、よく脱走する。

浜崎ビーチ。砂浜といい、水の透明度といい、漂流ゴミの少なさといい、これ以上きれいなビーチは見たことがない。

水納島

宮古郡多良間村《みやこぐんたらまそん》

宮古諸島エリア

人口　5人
面積　2.15㎢
位置　沖縄本島の南西、約330km。多良間島の北、約8km
交通　多良間島・前泊港よりチャーター船で約20分
宿泊　コテージあり
見所　浜崎ビーチ
問い合わせ　多良間村役場総務財政課観光担当
☎0980-79-2260
http://www.vill.tarama.okinawa.jp

チャーター船となる宮国（みやくに）さんの船。昔はこの船に子牛たちも乗せて、多良間島まで運んでいたそうだ。

もっとも「遠い」島のひとつに、とうとう上陸

那覇《なは》から宮古島《みやこじま》へ、そして宮古島から多良間島《たらまじま》へ。さらに、チャーター船で20分ほどかけて辿り着くのが多良間村水納島だ。北大東島《きただいとうじま》に行くまでの乗り継ぎも距離を感じさせたが、もしかしたら、沖縄の離島の中で到着までに一番時間もお金もかかる島は、この多良間の水納島かもしれない。

宮古島から多良間島へ行くには、20分の飛行機と、2時間余りのフェリーとがある。どちらで行くか迷ったが、安いし、ものは試し！とばかりにフェリーに乗り込んだ。3歳の娘も連れていたのでいっぱい遊べばいいかと思っていたのだが、それは間違いだった。

出港してしばらくはよかったのだが、沖に出るにつれて揺れる揺れる！　船に乗り慣れているはずの石垣生まれの夫でさえ、「これは揺れる」と横になる始末。私はといえば、娘とせっかくゆっくり遊べる時間なのに、だんだん酔ってくる。船に乗り込んだ時に、きれいな船内にこれ見よがしに洗面器が積んであるのを見て、まさかと思ったのだが、置いてある理由がよくわかった。娘はパンツとシャツ一枚で汗だくになって、揺れる船内で騒いでいる。どうして子供って平気なのだろう。

さぁ、今度はチャーター船だ。多良間島の港には、現在、水納島の唯一の住人、宮国《みやくに》兄弟が迎えに来てくれていた。私がこの島に行きたいと思ってから、何年経つのだろう。やっと行ける！　そんな思いが募っていた分、彼らがあこがれのタレントさんのように見えた。感激！　船に乗り込むと、スーパーの買い物袋がちらりと見えた。多良間島に久し振りに来たのだろうか、買い出しをしたに違いない。のぞいてみると、沖縄そばの麺の袋とパンがいろいろ。男二人所帯でご飯は難なく炊けても、パンを作るわけにはいかないからだろうか、それとも無類のパン好きなのだろうか、袋の大半がパンだった。

宮古牛の子牛をていねいに育てる兄弟

島の姿が近づくにつれ、これまで見たことのない長い美しいビーチが延々と島を囲んでいる様子に驚いた。「カメがよく産卵に来ますよ」。ここは彼らにとっても聖地に違いない。人に邪魔されることなく、しかも幅のある砂浜。安心して産むことができるはずだ。こんなところが残されていてよかった。水納島がまた好きになった。

そして、いよいよ感動の上陸となり、思いもひとしおで深呼吸すると、まずはコテージに案内された。ここは昔、島民が住

んでいた家を改造したものだ。島の人は１７７１年に先島《さきしま》諸島（宮古・八重山《やえやま》地方）を襲った明和の大津波で全滅したのち、再び人が住み始め、２００人まで増えたこともあった。が、その後の台風や琉球政府の指示で宮古島に強制移住。しかし、それでもこの島を離れなかったのが、宮国さんのおじいちゃんだった。「ひと家族でも残る！」。宮国兄弟はその祖父の遺志を継いで、今もこの島で畜産業を営んでいる。

　トラックの荷台に乗って、島を案内してもらいながら牛舎へと向かった。がたがたと揺られながら、果てしなく広がる牧草地と、のんびり草を食みながらゆったりしている放牧牛の姿を見たら、かつて私が動物写真を撮りに通っていたアフリカのサバンナとオーバーラップした。なんて場所！　私が10代だったら、住み込みで牛の世話をしながら暮らしたくなっただろう。

　二人っきりで大変だろうが、牛舎はとても清潔にされていた。ここで育てられているのは黒毛和牛の宮古牛。生まれた小牛は、2か月くらいになると宮古島にいるもう一人の兄の牛舎に移され、10か月間、出荷まで育てられる。父の代からの畜産だそうだが、彼らは今１２０頭いる母牛を１５０頭まで増やそうと頑張っている。牛たちはいずれも色艶よく、ストレスもないに違いない。それが彼らの顔や体に表れていた。聞くと、小牛も含めて１５０頭のすべてに名前がつけられ、そして、それが誰だか顔を見ればわかるという。すごいことだ。

　また、放牧といっても、管理の上で念のために、広い島の中に有刺鉄線で柵をめぐらせてある。これの張り替えだけだって気が遠くなる。仕事量は計り知れない。それを兄弟二人でやっているのだ。月に2日ほどは、自前の船に乗って宮古に二人で出掛けるそうだが、なんとも頭の下がる暮らしぶり。「でも、ここにいると向こうからいろいろな人がやってきてくれるんです。それが楽しく嬉しい」。

　今日も、１５０頭の牛を相手に頑張っているに違いない。

島に暮らすたった二人の兄弟、孝平さんと弘市さん。とにかく穏やかで優しい二人は、あまりケンカをすることもないという。

伊是名島《いぜなじま》

どこを撮影しても絵になる
琉球王朝の始祖・尚円王の故郷は
県内有数の島米の産地

伊是名島

島尻郡伊是名村《しまじりぐんいぜなそん》

本島周辺エリア

人口　1,740人
面積　14.14㎢
位置　沖縄本島北部・本部半島の北、約23km
交通　本部半島・運天港よりフェリーで約55分。
　　　野甫島よりチャーター船で約20分
宿泊　旅館、民宿、キャンプ場あり
見所　伊是名ビーチ、尚円王御庭公園、逆田
問い合わせ　伊是名村役場
☎0980-45-2001
http://www.ne.jp/asahi/shimanokaze/izena

左／沖縄を代表する版画家・名嘉睦念（なかぼくねん）作の尚円王の銅像。
右／自然が作るデザインの美しさを感じさせる。

この島はずるい！　何がって、島中どこを切り取っても絵になるからだ。ずるいと言わないと納まらないほど、この島の景色は素晴らしい。本部の運天《うんてん》港から約55分のフェリーで行くことができるのだが、数ある離島の中でも別天地だ。とにかく、どこを歩いても、どの位置から海を眺めても、どの木蔭も、どの葉っぱも、猫も石も道も、何もかも絵になる。竹富島《たけとみじま》のような古きよき沖縄の姿とは、また違った沖縄らしさがある。島の中を回れば回るほど、ため息が出た。

沖縄の離島は、島の大きさにかかわらずいずれも独自の文化や歴史を持ち、それぞれに違った空気を持っているところがすごいと思っているが、伊是名島はまた、格別。ここは琉球王朝の始祖となる尚円王《しょうえんおう》が生まれた島。彼の生誕の地である「みほそ所」には、今でも沖縄県内から参拝者が後を絶たない。そう思って見るからなのか、空気にも気品があるように感じた。

私が最初に行ったのはすでに真夏となる7月でとても暑かったが、その暑さも吹き飛ぶくらい嬉しかったのが、伊是名の島米の収穫時期だったことだ。最初に、閉まりかけた集落の売店でそれを見つけた。コシヒカ

島内では島米の水田があちらこちらで目につく。沖縄でおいしい米にやっと出会うことができた。

リを親に持つ「ひとめぼれ」だ！　夏に収穫だなんて考えてもいなかったので、思いがけない出会いに、買わずにはいられなくなった。「車に戻って財布を取ってくるから、待っててください！」。小銭しか持たずに店に入った私は、店じまい直前のおばぁに頼んだ。「そんなに慌てんでも大丈夫、大丈夫」と背中に声を聞いたが、私は慌てた。後から考えれば翌朝でも買えたわけだが、どうしてもその時買っておきたかったのだ。

そうなると、今度は島のどこを走っても水田ばかりが気になった。それに、また水田が多い。水田の後ろには小高い山が必ずあるので、きっと昔から水には恵まれた島だったのであろうことは想像できた。いやいや、そんなことより早く炊いて食べたい！　できるなら、島の水も持ち帰ってそれで炊きたい！

「沖縄は米がおいしくない」と、東京から越してきた私はよく知り合いから送ってもらったりしていたが、おいしくなかったのは島米ではないものだった。だから、島米に多大なる希望を抱いたのである。結果は望み通り！　甘みとしっかりした弾力がある。今でも、伊是名の島米を見つけるたびに買い込んでいる。

宮城島《みやぎじま》（大宜味村）

丸ごと沖縄海岸国定公園に指定されている島を囲む、砂浜で採れるハマグリ

宮城島

国頭郡大宜味村《くにがみぐんおおぎみそん》

本島周辺エリア

人口　133人
面積　0.24㎢
位置　沖縄本島北部・大宜味村の塩屋湾内
交通　大宜味村内、国道58号線の宮城橋と塩屋橋の間
宿泊　ー
見所　塩屋大橋
問い合わせ　大宜味村役場
☎0980-44-3001
http://www.vill.ogimi.okinawa.jp

左／最近までママさんバレーをしていた、明るく元気な清子おばぁ。　右／島で1軒だけの売店は、貴重な存在。

マンタの形をした塩屋《しおや》湾の小さな小さな島が宮城島。沖縄には「宮城」と呼ばれる場所が多いが、それは後ろに小山があって、城の前の集落という意味で「ミャークスィク」。あて字にして、「宮城」というわけだ。

さて、この島には何があるのだろう。130人ほどの住人は高齢者が多い。島の中に学校はない。何かの作業場も、農場と呼ぶほどの畑もない。ただ、1軒の売店があるくらいだ。すると、区長の眞榮田《まえだ》さんが一人のおばぁを紹介すると言ってくれた。87歳だが、近くの山に畑を持っていて、車の運転もするという。どんなおばぁだろう。集落の中を区長と歩いていると、前方にその姿を発見！　背中はシャンとまっすぐだし、思わず年齢を確認してしまった。

確かに87歳。とても気さくなおばぁの名前は辺土名《へんとな》清子《きよこ》さんで、話をするうちに、一緒にハマグリを採ろうと言ってくれた。宮城島では天然のハマグリやアサリが採れるらしい。どこで採るのかという私の質問に、「ちょうど今、大潮だからいいね。すぐそこ」と教えてくれたのは、目の前の砂浜。半信半疑で砂を掘ると、出てくる出てくる、白いきれいな貝が。「1時間く

砂を吐かせてわかったが、きれいな砂浜にいるせいか、身そのものも貝殻も汚れていない。

らい夢中でやっていると、籠《かご》いっぱい採れるさぁ。今日はアンタが持っていって、お味噌汁にしなさいね」。30分くらいで、本当に我が家3人分に十分なハマグリが採れた。

採りながらあれこれ話をしていると、おばぁの料理上手な様子がうかがえた。なぜって、今、畑に行っているおじぃは清子おばぁの料理しか食べないというし（よそのは味が違うから嫌なのだそう）、元気の秘訣は食事だというし、今日もおからをいっぱい煮てみんなに振る舞ったのだという。ついでに一品、簡単な料理を教わった。「野菜をいろいろ細かく刻んで、豆腐とツナと一緒に和えてポン酢を少しね」。

それにしても、沖縄のおばぁとツナは切っても切り離せない。なぜかよく使う。八重山《やえやま》の姑《はは》もそうだ。味噌汁にも、チャンプルーにも卵焼きにも、ツナを加える。そして、お中元やお歳暮には、このツナ缶の箱入りが沖縄の定番の贈り物となっている。

別れ際、清子おばぁは「今度料理を作るから、食べに来なさい」と言って、電話番号まで教えてくれた。こういうひと言がたまらなく嬉しい。どうもありがとう。

伊平屋島《いへやじま》

海の幸が豊かな
沖縄県最北の島が生んだ、
ユニークな油味噌

#36
Iheya
jima

伊平屋島

島尻郡伊平屋村《しまじりぐんいへやそん》

本島周辺エリア

人口　1,313人
面積　20.59㎢
位置　沖縄本島北部・本部半島の北、約33km。
　　　沖縄県最北端
交通　本部半島・運天港より
　　　フェリーで約1時間20分
宿泊　ホテル、民宿、キャンプ場あり
見所　念頭平松、米崎海岸、神アシャギ（神事の場）
問い合わせ　伊平屋村役場むらおこし課
☎0980-46-2834
http://www.vill.iheya.okinawa.jp

右／それはそれは見事は念頭平松。沖縄県の2大名松のひとつ。　左／豚ではなく、イカを使った油味噌には驚いた。

伊平屋島は沖縄県最北の島で、本島の本部《もとぶ》からフェリーで1時間20分程かかる。のんびりとした船旅を終えて着いた島の空気も、ゆったりしている。あくせく、せかせかした感じがない。なんだか居心地いいぞ！　丸々一日過ごして思ったのは、風通しのいい島だということ。島をめぐっていても、宿で休んでいても、とにかく風の抜ける感じが心地いい。爽やかな島なのだ。何やらここにいると心が晴れ晴れとする感じ。どこからそういった気が流れてくるのだろう。

そんな伊平屋島で、爽やかとはちょっと違うこてっとしたものだが、いいものを見つけてしまった！　イカの油味噌である。沖縄の常備菜「油味噌」といえば、豚肉で作るものと決め込んでいた私。方言でアンダンスーというが、アンダが豚の脂でンスーが味噌だから、豚の油味噌。沖縄のおにぎりの定番の具である。

ところが、だ。イカで作られた油味噌。「えーっ！」。私は周囲のことも忘れて、それを発見した途端、声を上げてしまった。豚じゃなくて、イカ!?　その後調べてみると、カツオの島の伊良部島《いらぶじま》ではカツオを入れた油味噌など、魚を使ったものもあることがわかった

アーサーのほか、モズクや海藻サラダによく使われるヒメノリなども養殖されている。

が、イカには驚いた。

伊平屋の漁協が製造者になっていたので尋ねてみると、発売されてかれこれ10年以上になるという。イカ、米味噌、グラニュー糖、サラダ油が原材料。アンダンスーと言ったら違うかもしれないが、油味噌には間違いない。なるほど。ガチマヤー（食いしん坊）な私としては、試さずにはいられなかった。ひと舐《な》めしてみての感想は、甘い！　そして、しばらく口に含んでいると、最後に磯の香りが抜けていく。豚では出ない味わいだ。

漁協の製造担当の斉藤さんいわく、「お子さんにも食べてもらえるように、甘くしています」とのこと。その言葉通り、私の娘も気に入ったようだ。もろきゅうのようにキュウリと一緒に出すと、食べる食べる。私よりモリモリ食べている。保存の点からイカそのものは入れずに、島で捕れるセイイカを乾燥させてミンチにしてから、粉末にして加えているそうだが、「そのままお茶うけにしてもおいしいですよ！」とのこと。今度お客さんが来たら、渋いお茶と一緒に出してみようかと考えている。

屋我地島《やがじじま》

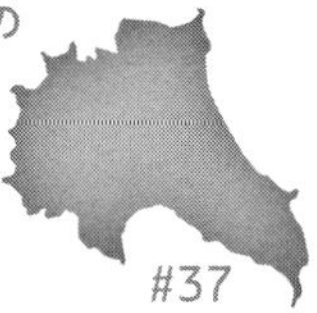

#37 Yagajijima

本島からドライブで渡れる島の伝統料理、海藻のモーイを使ったモーイ豆腐

屋我地島

名護市《なごし》

本島周辺エリア

人口　1,794人
面積　7.77㎢
位置　沖縄本島北部・本部半島の東に隣接
交通　本部半島より奥武島経由の屋我地大橋で渡る陸路
宿泊　民宿、キャンプ場あり
見所　屋我地ビーチ、亜熱帯分布の動植物
問い合わせ　名護市観光協会
☎0980-53-7755
http://hizakura.sakura.ne.jp

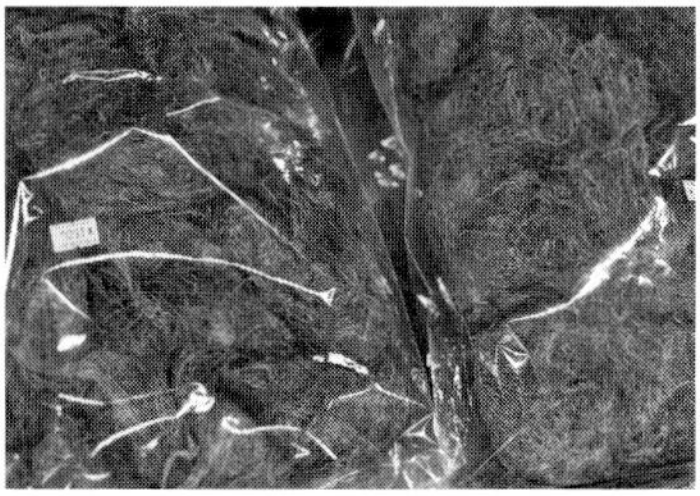

左／島の無人売店は本当にお買い得。大根などほとんどのものが100円。なぜか竹ぼうきまで売っていた。　右／乾燥モーイは1袋1500円。使いでがありそうな量だ。

沖縄には2種類の「モーイ」がある。ひとつは野菜で、ひとつは海藻。なぜか同じ名前がつけられている。

野菜のモーイは移住して間もない冬に、那覇《なは》のスナックに連れていってもらった時、ママの手作りといって出された甘酢漬けが衝撃のおいしさだった。ちなみに、この野菜のモーイは毛瓜、赤瓜とも呼ばれるウリ科のもので、長さは20センチくらい。赤っぽい短い毛がびっしりと生えた、お化けキュウリといった感じだ。

そして、もうひとつが海藻のモーイ。これは沖縄でも知る人が少ないといわれる海藻で、和名はイバラノリという。名護《なご》より北のほうでよく採れるようで、屋我地島はその産地。なかなか生を見ることはないが、乾燥したものは名護の道の駅にも置いてある。昔は、正月など祝い事の時に、このモーイで「モーイ豆腐」をよく作ったそうだが、手間がかかるので最近では作る家庭も減ってきている。

モーイ豆腐とはどんな豆腐かというと、出来上がった形が豆腐に似ているだけで、大豆などは一切入っていない。春先に出回る生のモーイが手に入った人は、

左／かつての塩田跡。ここで作った塩を、名護あたりまで売りに出掛けた。　右／お茶うけにもなりそうな伝統料理、モーイ豆腐。

海藻の中のゴミをよく水洗いして落とし、乾燥モーイの場合は水で戻して、ざるに上げておく。それをかつおだしの中でしんなりしてくるまで中火で煮たら、ツナやお好みでゆでたグリーンピースやニンジンを加え、醤油と塩で味つけをする。あとはトローリとしてきたら、粗熱を取って角形の容器に流し入れ、冷蔵庫で2〜3時間冷やし固めれば出来上がり。いただく時に、食べやすい大きさにカットする。

モーイは寒天のように火を加えると溶け、冷えると固まるという性質があるのだが、それを利用した一品なのだ。モーイ自体はくせのない味なので、「家によって味はいろいろさぁ」と、島のおばぁが教えてくれた。

屋我地島は古宇利島と美しい橋でつながり、本島から一気に離島へ渡るドライブを楽しめるようになったが、どうか通り過ぎずに立ち寄ってみてほしい。島は思いのほか大きく、沖縄で最初に塩を作ったとされる我《が》部《ぶ》村《そん》（現在の名護あたり）の人たちがこの島に移り住み、浜辺に堤防を築いて塩田を造ったという、沖縄でも珍しい塩田跡がまだ残っている。最近復活した「屋我地の塩」もおすすめだ。

瀬底島《せそこじま》

甘くておいしいスイカが冬でも食べられる隠れた名産地

瀬底島

国頭郡本部町《くにがみぐんもとぶちょう》

本島周辺エリア

人口　861人
面積　2.99㎢
位置　沖縄本島北部・本部半島の西に隣接
交通　本部半島より瀬底大橋で渡る陸路
宿泊　ホテル、民宿、ペンションあり
見所　瀬底ビーチ、瀬底大橋
問い合わせ　本部町観光協会
☎0980-47-3641
http://www.motobu-ka.com

1キロも砂浜が続く瀬底ビーチは、県内でも指折りの夕陽の名勝地。

沖縄では今帰仁村《なきじんそん》のスイカが有名である。おいしいのはもちろんだが、圧倒的な個数を出荷しているからで、冬でもひと玉1500円ほどで県内のスーパーに並ぶ。夏場などには県外（熊本など）からのものが一緒に並ぶこともあるが、やはり地産地消。味を考えても、フードマイレージを考えても県産品が嬉しい。

ところが、そんな沖縄でもなかなか流通に乗らない、隠れたおいしいスイカがある。それが瀬底島のスイカだ。第1期の収穫は年末から3月の上旬にかけてなのだが、出荷先を追いかけてみると県内には出回らず、すべてといっていいくらい県外に出ている。量としては40トンくらいあるそうで、特に名古屋近郊からの引き合いが多い。だから、沖縄県民でも瀬底のスイカの味を知らずにいる人が多い。

今、島では県外向けのお彼岸などに合わせて栽培する電照菊に取り組む人も増えてきているが、まだ6名の農家さんがスイカ作りに励んでいる。「美《ちゅ》ら海《うみ》水族館」のある本部町《もとぶちょう》から飛び出した形で存在する周囲7・3キロの瀬底島は、琉球石灰岩を基盤とする砂地の島。だから水はけがよく、おいしいスイカができる。

冬のスイカは直接農家さんに交渉しないと手に入らない。

上／包丁を入れるとパリッと割れた。 下／花屋で売られる電照菊の栽培も増えている。

温室栽培で水はけがいいということは、じつは暑さで木そのものはやられてしまうのだが、トマト栽培同様、木が傷むと実は甘くなる。そんなことらしい。

暑い時期に瀬底島に行った人は見たことがあると思うが、この島ではそんな季節になると道端にスイカが並ぶ。北部営農センターの山城《やましろ》さんによると、「こうして第1期以外のスイカは島内に好き勝手に並ぶので、こちらへの出荷量は増えないんです」とのこと。冬場のスイカは県外で高く売れるから、本格的な夏が来るまでは出荷を扱いたいような感じだったが、それも島の風情……と優しく見守っていた。その山城さんが言うには、そもそもこの島でスイカの栽培が始まったのは戦後のこと。米兵の食糧として切望され、作りだしたらしい。

第1期の冬のスイカでも糖度11を切ることはない。ありがたくそのスイカを食べさせてもらったが、真夏のスイカと比べても遜色ない。みずみずしくてシャキシャキして優しい甘さ。これが、暑くなって汗をかきながら島内を回った後にがぶっといくと、さらにおいしさが増すのだ。第2期の収穫は4月から始まる。

水納島《みんなじま》（本部町）

人気の「遊び島」で育つ、青森にも引けを取らない沖縄のニンニク

#39 Minnajima

水納島

国頭郡本部町《くにがみぐんもとぶちょう》

本島周辺エリア

人口　45人
面積　0.47㎢
位置　沖縄本島北部・本部半島の西、約6km
交通　本部半島・渡久地港より高速船で約15分
宿泊　民宿あり
見所　水納ビーチ、カモメ岩、幸福の岩
問い合わせ　本部町観光協会
☎0980-47-3641
http://www.motobu-ka.com

時期になるとニンニクが収穫され、島のほとんどの家の庭で干される。ニンニクなら鳥に取られる心配もない。

水納島は、本島の本部《もとぶ》にある渡久地港《とぐちこう》から高速船であっという間の15分。かつて水のない島だったから「水無島」。それが名前の由来だ。沖縄にはもう1か所、宮古諸島に水納島がある（P170）。

ここ、本部町の水納島には、島民が現在約50人なのに対して、夏場のシーズンにはなんとのべ3万人もの観光客が来る。みんなきれいなビーチをよく知っているんだなぁと感心するが、それにしても、この海は間違いなく美しい。島がだんだん近づくにつれ、海の色がどんどん鮮やかに、透明になっていく。ここは八重《やえ》山《やま》の海かしらと思うほどだ。船着場のビーチを目の前に、「高速船から飛び込みたくなる」と船に乗り合った人が言っていたが、まさにそんな気分だった。

島の集落はビーチからすぐ続く坂道の上にあった。この島唯一のメインストリートは、油が海に流れないようにとの配慮から、アスファルトではなくコンクリート。素晴らしいことだと感心しながらも、いきなり坂道はつらいなぁとぶつぶつ。でも、登ったそこに広がる集落の景色は、なんとものどかで印象的だった。こぢんまりとした家並みはとても可愛らしく、暑

島のメインストリートで。おばぁが絵になる。

上／葉ニンニクは1束100円くらい。 下／ニンニクはあまり大粒にならない。

いのにおばぁたちは畑で働いていた。

私が訪れた4月中旬はニンニクと玉ネギの収穫の時期で、集落の中はどこを歩いてもその匂いが風に乗ってふわりとやってくる。素朴な家並みとおばぁの姿と畑と、そしてその香り。妙に心地いい水納島の生活を感じた。

家の軒先をのぞくと、どこも収穫したばかりのニンニクを干していた。大粒なものも小粒なものも。基本的に沖縄の土壌はやせているといわれるが、土中にできる作物にとっては案外条件がいい。おばぁから少し分けてもらって食べてみたが、香りも味もしっかりしている。「おいしいから家でゆっくり料理して食べなさい」と言ってくれた言葉に感謝だった。

沖縄以外ではまだあまり見かけないが、県内では出回っている葉ニンニクもとてもおいしい。ニンニクとは品種が違い、葉を育てて収穫するものなのだが、これがまた最高。暑さを乗り切るというとゴーヤーがクローズアップされるが、こういった普通の島野菜も素晴らしい。そんな野菜にめぐり合えると、沖縄に住んでよかったなぁと実感するのである。

浜比嘉島《はまひがじま》

神様が住む島で4代目が引き継ぐ、イカの珍味

浜比嘉島

うるま市

本島周辺エリア

人口　556人
面積　2.09㎢
位置　沖縄本島中部・与勝半島の北東、約3km
交通　与勝半島より海中道路を経て、平安座島経由の浜比嘉大橋で渡る陸路
宿泊　ホテルあり
見所　有形文化財・吉本家、シルミチュー霊場、アマミチュー洞窟
問い合わせ　うるま市役所
☎098-974-3111
http://www.city.uruma.lg.jp

右／海中道路の途中にある「あやはし海の駅」。うるま市の珍しい特産品がたくさん並ぶ。　左／シルミチュー霊場は、琉球開闢の祖の居住地跡とされている。

琉球開闢《かいびゃく》の祖神アマミキヨとシネリキヨの神々が住むとして知られているこの島は、県内外から参拝者が訪れる場所。108の階段のあるシルミチュー霊場には、県内各地から子宝を望んで拝みに来る人が後を絶たない。

これまで幾度となくこの島には来ているが、食にはなかなか結びつかなかった。島の入り口にある売店で飲み物くらい買ったことはあるが、確か、食堂というほどのものもなかったはずだ。でも、浜比嘉島に向かう途中の海中道路にできた「あやはし海の駅」（道の駅の海バージョン）で、浜比嘉島の特産品！と銘打った一品を見つけた。なんと、イカを使った珍味である。

島で作業所のようなところは見たことがなかったので、どこで作っているのだろうと思いながら食べてみると、おいしい！　やっぱりお酒が欲しくなる。いいねぇ、沖縄に来て沖縄のものを何かつまみながら、日本酒が飲みたい！と思ったのは初めてかもしれない。イカのウニ漬けや墨漬け、キムチ漬け。一番人気はウニ漬けだそうだ。

せっかくなのでと、作っている人を訪ねると、思い

東京の飲食店からの引き合いもあるという珍味。ラベルも昔から変わっていないそうだ。

のほか若い島人《しまんちゅ》（沖縄の人）だった。祖父の西浜文一《にしはまぶんいち》さんから引き継いで4代目になるという。4代目は西浜敏《さとし》さんというが、そのおじいちゃんというのは、島の中では各方面においてやり手だったそうで、いまだに「文一の孫か」とよく言われると笑っていた。

材料は沖縄のとびイカの他に、冷凍物も使うという。そのわけは、カットする時にそのほうがやりやすいから。なんと、イカのスライスも全部包丁一本握って自分でやる。多い時には、一日に2ケース20キロをスライスするのだというから驚きだ。初代の頃は人も使って5～6人で流れ作業のようにしていたが、今は、せいぜいまだ小さい娘さんがお手伝いする程度。おじいさんが亡くなった後だったが、離島フェアで賞も受け、評価された。

作り方は秘伝だが、時代に合わせて客の反応を見ながら、敏さんなりに試行錯誤している。近所のおじさんたちはお茶漬けにして食べているそうだ。沖縄でお茶漬けとは珍しい。日本酒のあてにもいいし、お茶漬けにもいいなんて、大和人《やまとんちゅ》（県外人）の私にはこの上なく嬉しい珍味だ。

平安座島《へんざじま》

かつての石油基地の島で継承される、貝殻でタコをだまし捕る伝統漁「ンヌジベント」

平安座島

うるま市

本島周辺エリア

人口　1,443人
面積　5.32㎢
位置　沖縄本島中部・与勝半島の北東、約4km
交通　与勝半島より海中道路経由の陸路
宿泊　ビジネスホテルあり
見所　海中道路、シヌグモーのクワディーサー(モモタマナの木)
問い合わせ　うるま市役所
☎098-974-3111
http://www.city.uruma.lg.jp

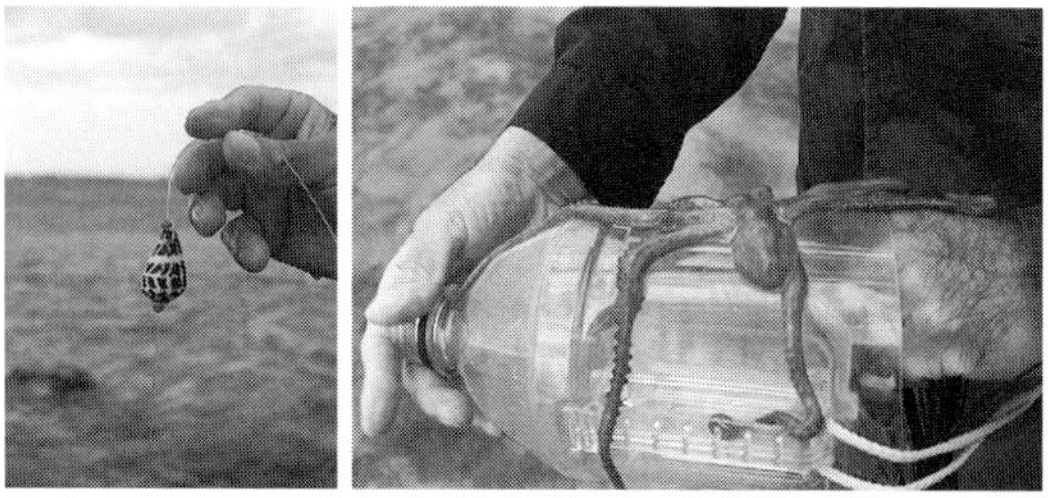

左／イモガイを海の中で操ってタコをだまし捕るのだ。
右／タコはゆでたり、味噌和えなどで食べられている。

沖縄のドライブスポットとして知られるうるま市の海中道路。「海の中を走る道路があるの!?」と、沖縄に遊びに来る友人によく聞かれる。正確には海上道路。海の上に架けられた道路だが、海の上を走るわけだから、それは風光明媚この上ない。特に、晴れた日に橋の両側に広がる青い海は絶景だ。

そんな海中道路を渡りきったところにあるのが平安座島。さらに奥には宮城島《みやぎじま》、伊計島《いけいじま》と続く。その昔は沖縄本島の北部と南部を往来する交易中継地だったそうだが、もちろん、最近まで本島との間に橋なんて架かっていなかった。だから、潮の満ち引きによって遠浅になる時を狙って、島の人は歩いて渡ったという。

潮が引くとさまざまなめぐみが海からもたらされる。向こう岸まで歩けるのもそうだが、海の幸を授かることもできる。そのひとつがこの平安座島で古くから伝わるタコ漁「ンヌジベント」だ。ンヌジベントは島の言葉でタコ釣りのための仕掛けの名前。タコの名前は島の方言で「ンヌジグワァ」と呼ぶ。ちなみにこのタコは本土ではイイダコ、生物学的にはウデナガカクレダコといわれている。ちょっと余談になるが、

遠浅のこの海では、岸よりかなり遠くまで行って漁ができる。

生物学が好きな人はこのウデナガカクレダコの名前にピンときたかと思う。そう、海の中で2本足で歩くタコとして、少し前に注目を集めたタコである。その貴重なタコが、沖縄のこの海では昔から身近な生き物として生活の中に溶け込んでいたのである。

さて、そのタコ漁であるが、何が面白いってその漁の仕方である。タコ漁の場合、多くはタコ壺を海底に沈めたりして捕獲するが、平安座島の人はそんなことはしない。マダライモガイという、ンヌジグワァの大好物の貝殻を約20センチ間隔で結びつけ、それを海に投げる。もちろんタコがいそうな場所を狙って投げるのだが、その仕掛けを手繰り寄せるとンヌジグワァがそれにしがみついてくる。そこをわしづかみにして捕まえるというわけだ。一度捕まえた貝はなかなか手放さないという習性を生かした漁といえるが、ンヌジグワァとの駆け引きが楽しいという。

島の行事のある旧暦9月9日が漁の解禁とされており、捕ったンヌジグワァはお供えされる。島の人たちは、その漁の楽しさやおいしさから解禁日が待ち切れず、この時期になると毎年うずうずしている。

奥武島《おうじま》

（久米島町）

海洋深層水三昧で
リフレッシュできる、
久米島から橋で渡る島

奥武島

島尻郡久米島町《しまじりぐんくめじまちょう》

久米島周辺エリア

人口　28人
面積　0.63㎢
位置　沖縄本島中部の西、約90km。久米島の東に隣接
交通　久米島より奥武橋で渡る陸路
宿泊　民宿、キャンプ場あり
見所　畳石、バーデハウス久米島、久米島ウミガメ館
問い合わせ　久米島町観光協会
☎098-985-7115
http://www.kanko-kumejima.com

右／バーデハウス久米島は、世界で初の海洋深層水100％の海水温浴施設。
左／畳石と呼ばれる、貴重な火山岩の産物。

奥武島は久米島《くめじま》と橋（海中道路）でひょいとつながっているので、久米島の一部と思われることが多い。明治初期まで無人島だった。

沖縄には「奥武島」と名前のつく島が9つほどある。この名前には意味があって、奥武というのは「青《あお》」がなまったもの、これを方言で言うと「おーる」となる。ではなぜ青なのかというと、昔、沖縄の人はあの世のことを「青いところ」と考えていたからで、人が亡くなると、あの世の入り口にあたる本島から歩いて渡れる離れ小島、すなわち「青い島」に運んだのである。だから、奥武の名のつく島は神聖な島。昔から大切にされてきたのである。

ここの奥武島には今、20人ほどが住んでいる。そのほとんどが橋のたもと付近。島の奥はめぐろうと思っても畑への農道以外道がないので、進みあぐねる。しかし、橋のたもと付近は賑やかである。ウミガメ館、畳石、キャンプ場、パークゴルフ場、そしてバーデハウスがある。このバーデハウスは、世界で初めて海洋深層水を１００％使った海水温浴施設。とても人気がある。そして、私はここであるものを見つけたのだった。

海洋深層水ソーダですっきり！　体の外から中から海洋深層水三昧は最高。

それは海洋深層水を使って作ったソーダ。久米島は海洋深層水で知られているところで、深層水はどこででも売っているが、島の中でそのソーダを見掛けることはなかなかなかった。

久米島を回って、奥武島を散策して（集落奥の一本道を突き進むと、オーハ島が望めるその対岸に出る）、ふぅ……とひと息つく時に最高のドリンク！　甘めのソーダが疲れを取ってくれる感じもして、よりリフレッシュできる。大概一人で島をめぐって、一人でくつろぐのだが、そんな時にはバーデハウスの飲食コーナーで飲むのもよし、テイクアウトすることもできるので畳石の海岸に座って飲むのもよし。

ただし、私の経験からすると、この海岸はいつももものすごい風が吹いていて、砂浜に腰をおろしてゆったり、という図になったことがない。海洋深層水の温水の中で血流促進のマッサージでもしながら体をほぐして、それから深層水ソーダを飲むのが理想だが、これもまだ叶わない。でも、久米島に行くとここでソーダを飲みたくなる。どうやら、くせになってしまったようだ。

由布島《ゆふじま》

おじぃの夢がつくり上げた
フルーツいっぱいの
パラダイスアイランド

#43
Yufujima

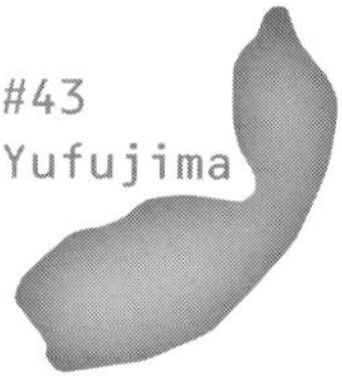

由布島

八重山郡竹富町《やえやまぐんたけとみちょう》

八重山諸島エリア

人口　17人
面積　0.15㎢
位置　沖縄本島の西南西、約420km。西表島の東に隣接
交通　西表島より、遠浅の海を水牛車で約15分
宿泊　—
見所　水牛車、亜熱帯植物、蝶々園
問い合わせ　竹富町観光協会
☎0980-82-5445
http://www.painusima.com

右／潮が引くと西表島から歩いて渡ることもできる。水牛も夏バテするので、暑い日には池の中でくつろぐ。　左／島内は木蔭もたくさん。

　荷台に人を乗せ、潮の引いた遠浅の砂地をゆっくり歩く水牛の姿は、八重山《やえやま》の風情あるシーンのひとつである。水牛の歩く速度に身を任せていると、自動車でも電車でも飛行機でも、はたまた自転車でも感じることのできない心地よい速さに、心身とも一気に極楽へと導かれる。なんて気持ちいいのだろう。

　そんな由布島の名物「水牛」だが、もちろん外来の動物である。ふるさとは台湾。今から１００年ほど前、台湾からの移民たちと一緒に農耕用として連れてこられたのが始まりだそうだ。それが、大五郎と花子と名づけられたカップルで、島の中には彼らから始まった水牛家系図や、偲《しの》ぶ銅像などもある。

　現在この島は昼間こそ観光客で賑わうが、夜は数軒の家があるだけでひっそりしている。１９４７年には近隣の竹富島《たけとみじま》や黒島《くろしま》から、向かいの西表島《いりおもてじま》に米を作りに行く人たちが入植して集落をつくり、多い時には１００人以上の人口があった。しかし、砂が堆積してできたこの島を１９６９年の台風がのみ込み、命からがら生き残った人も島を出ていくこととなって、人影が消えた。

スターフルーツが木になる姿を初めて見て感動！

その後しばらくして、竹富島から由布島に入植していた西表《いりおもて》さんというおじぃが奥さんを連れて島に戻り、水牛を使って島に植物や木、土などを持ち込んで、植えていった。島に人が帰ってきてほしいとの切なる願いからのことだった。そして、それがやがて夢に描いていた植物楽園となり、水牛で人を渡すという画期的な観光方法を思いついたという。

西表おじぃが植えた植物は本島ではなかなか見ることのできないものも多く、島に遊びに来た人の憩いの場になっている。売店には、島で育ったトロピカルフルーツやそれを使ったジュースなどが並ぶ。私が行った2月はちょうどスターフルーツがたわわに実っている時期で、朝もぎたてのものがあった。売店に行くまでスターフルーツがなっているのに気がつかなかった私は、慌てて園内に引き返した。木になっているスターフルーツなんてなかなか見ることはないからだ。

ちなみに園内の肥料だが、水牛たちの糞を1年かけて堆肥にし、使っているのだそうだ。小さい島の中での上手な循環。すべてのものに西表おじぃの思いが息づいている気がして、何だか温かい気持ちになった。

来間島《くりまじま》

宮古諸島産、日本中から引っ張りだこの冬場のカボチャ

#44 Kurima jima

来間島

宮古島市《みやこじまし》

宮古諸島エリア

人口　195人
面積　2.84㎢
位置　沖縄本島の南西、約285km。宮古島の南西、約1km
交通　宮古島より来間大橋で渡る陸路
宿泊　ペンションあり
見所　来間大橋、竜宮城展望台、長間浜
問い合わせ　宮古島観光協会
☎0980-73-1881
http://www.miyako-guide.net

左／雪の降らない島に飾られた雪だるまは、どこか微笑ましい。 右／私のお気に入りのビーチは、宮古島から車で行ける来間島にあった。

私の実家の母は小まめな人で、私によかれと思う切り抜きや情報をせっせと南伊豆から送ってくれる。今、私が沖縄に住んでいるのは、この母と父が逗子、南伊豆と、海を追いかけながら暮らしている影響も多分にあるに違いない。そんな母がある日、テレビで見たと言って宮古島《みやこじま》のカボチャの話をしてきた。「どうやらとってもおいしいらしいのよ」。おいしいと言われれば確かめなくてはいけない。

あれこれ調べてみると、国産のカボチャが品薄になる1月から4月にかけて、日本でカボチャが作られているのはどうやら宮古だけらしいのだ。国産品にこだわる消費者が増えている中で、宮古産のカボチャは全国のバイヤーの注目を集めた。もちろん冬の時期、沖縄本島のスーパーにも宮古産のものが並んでいる。宮古産のカボチャの多くは、敷地面積から考えても宮古島で採れたものが大半だが、じつは隠れた宮古カボチャの名産地となっているのが来間島だというのだ。

雪の降らない来間島で、発泡スチロール製の手作り雪だるまが道端でいつまでも溶けずに置かれている姿を横目に島内を回ると、あった、あった、収穫したカボ

来間島産の「くりゆたか」という品種のカボチャは、甘みが控えめなのが特徴だそう。

チャの山！　少し小ぶりだったので、もしかすると規格外のものかと思ったが、立派にたくさん作られていた。来間島のカボチャはくどい甘みがなくあっさりタイプ。それゆえいろいろな料理に使いやすい。品種は「くりゆたか」。カボチャの中でもホクホクの粉質で、味もさることながら、見た目も優良とされている。加えて海に囲まれた島での栽培だから、ミネラルを含んだ潮風もいい具合に吹き込んでおいしさを増しているはずだ。島には近年、喫茶店やらちょっとしたおしゃれな店ができていて、そこではそのカボチャを使っておいしいデザートを出している。それは、カボチャのチーズケーキ。甘さ控えめなのがいい。

自分でも何か作りたいなぁと思い、ひとつ分けてもらった。さぁて、何にしようかと迷った挙句に考えたのは、ポタージュスープだった。長ネギを使うのが私のこだわりで、いつものカボチャと同じように作ってみた。すると、なんとお上品な！　カボチャのポタージュはどちらかというと田舎風な感じがするが、それが都会のポタージュになった。これはいい。早速、母に報告したのだった。

池間島《いけまじま》

独特の伝統漁を誇る
池間海人の
仰天、泡盛のワシミルク割り

池間島

宮古島市《みやこじまし》

宮古諸島エリア

人口　749人
面積　2.83㎢
位置　沖縄本島の南西、約270km。宮古島の北、約1.5km
交通　宮古島より池間大橋で渡る陸路
宿泊　民宿、ペンションあり
見所　池間大橋、池間湿原、八重干瀬（やびじ）
問い合わせ　宮古島観光協会
☎0980-73-1881
http://www.miyako-guide.net

左／池間海人に伝わる「石巻き落とし伝統漁」は熟練された技が必要。　中／伝統漁で釣り上げた深海魚は、高級魚としてセリに掛けられる。　右／仰天のワシミルク割りの泡盛。

池間島では海人《うみんちゅ》（漁師）のことを「いんしゃ」という。私はこの、いんしゃという言葉の響きが気に入っている。そして、彼ら独特の漁の仕方も、池間海人《いんしゃ》の誇りを感じることができてとても好きだ。

だから、幾度かお願いして漁に同行させてもらった。船長は吉進丸の伊良波進《いらはすすむ》さん。生活を懸けた海人の様を見ることができるとあって、前日からわくわくドキドキ！　朝、泡盛を持って待ち合わせの港へと向かった。泡盛はお清めのため。この手土産を伊良波船長はえらく喜んでくれ、一緒に船の安全を祈った。

漁場に着いて船長は支度を始めた。私はカメラの準備。池間海人の漁は「石巻き落とし伝統漁」といって、餌の魚の切り身を石ではさみ、それを海中でほどける程度にテグスで巻いて、深海１００メートルほどの海中に落とす。棚に辿り着いたと思ったら、テグスを引いて石をはずし、餌をちらつかせて高級魚を釣り上げるというもの。釣り竿なんて使わない！　テグスは指先で持って、海の中の様子は手先の感覚で判断する。同じ宮古《みやこ》でも、池間の魚はセリで高値がつく。浅瀬で捕るカラフルな熱帯魚とは、魚の価値が違うからである。

八重干潮で水上に現れたサンゴを見ると、まるで花のようだ。

漁を終えて島の民宿で夕食を食べていると、なぜか民宿の家族とご近所の人が集まってきて、宴会が始まった。しばらくすると、その中の誰かが「ワシミルク」を持ってきた。ワシミルクとはコンデンスミルクなのだが、沖縄では昔から缶詰タイプのものがよく使われている。これで泡盛を割って飲むのだという！

「池間の人はね、昔からこうして飲むの。悪酔いしなくておいしいさぁ」。

私はびっくりであった。泡盛のジュース割りだったらまだわかるが、ワシミルク!?　よくよく話を聞くと、きちんとした（?）作り方がある。まず、一升瓶から3分の1くらいの泡盛を別に移して、残った泡盛にワシミルク1缶を垂らし込んでよく振って混ぜる。後は、その一升瓶からコップについで飲むのだ。

この飲み方は池間島が発祥で、池間海人が移り住んだ、同じ宮古の伊良部島《いらぶじま》の一部や西部《にしべ》などだけでしか見られない。カクテルのカルーアミルクの生温《なまぬる》いものだと思ってもらえばいい。池間島にはオトーリ（宮古伝統の強制的回し飲み）はないが、乾杯で飲み干す決まりがある。いやー、かなり悪酔いしそうだ。

あとがき

20代の頃の私には、新婚旅行で行きたいと思っていた場所があった。それはガラパゴス諸島。でも、なかなかご縁がなく、30歳の時まだ独り者だったのでもう待ち切れず、パートナー不在のままガラパゴスに行った。そのことがきっかけで、私の中の何かの扉が開き、パプアニューギニア、コスタリカ、ケニア、タンザニア、グアテマラ、パラオなど、子供の頃から興味のあった場所をカメラ片手に回り続けた。そんな旅の合間に、ふと足を運んでいたのが沖縄だった。アフリカ以外にはほとんどリピートしない私が、一番足しげく通ったのが沖縄だったのだ。

私が沖縄に惹《ひ》かれた最初の理由は「亀甲墓《きっこうばか》」だった。人は亡くなると母親の子宮の形を模したこの墓の中に戻る。しかも、遺骨を納める入り口は、産道を表している。世界各国を回ったが、こんな考え方をする国はなかった。すごい文化だと面食らった。

そして、２００２年、40代の生き方を考えるために沖縄に移住。料理が好きだったので、まず、松本《まつもと》嘉代子《かよこ》先生のもと、琉球料理を習い始めた。日本料理、フレンチ、イタリアンなどを少しばかり東京で勉強したが、この琉球料理には驚いた。とにかく、すべてが理にかなった、全くムダのない料理なのだ。本来の琉球料理をきちんと作ろうと思ったらどんなに手間のかかることか、想像だにしていなかった。この時、沖縄の料理は、この島が積み上げてきた歴史と同じように、とても深い奥行きがあることを感じたのだった。これが、私の沖縄の食に対する土台となっている。

沖縄の離島をめぐったことに関しては、沖縄電力株式会社に感謝しなくてはならない。沖縄に越してきて、離島がたくさんあるのだから回りたい！と、旅好きな私は沖縄電力の広報室に企画書を提出。その結果、毎月発行される広報誌に連載という形で離島への取材を任せてもらえることとなり、4年かけて47島をめぐった（無人島を含む）。そして、この連載をきっかけに、今回、オレンジページの安立真由美さんのご尽力があって、その中の食をテーマにしたものを膨らませて新たに取材をし、食だけで離島をくくってまとめよう！との運びになった。

沖縄の食はゴーヤーばかりではない。ラフテーばかりでもない。沖縄そばだけでもない。もっともっと興味深いものがたくさんあることを、このような形で紹介できることが何より嬉しい。そこには島の人がこれまで伝えてきた知恵や歴史、生きざまが見え隠れするからだ。

いっとき沸騰した「沖縄ブーム」は少し落ち着いたが、ブームは人が勝手につくったもの。同じ人がつくったものでも、つくらされたのではない、地に足のついたものは普遍である。ここで紹介した食がまさにそう。これは、沖縄の人がこれまで生き抜いてきた証しともいえる。各島々でそんな食に触れさせてもらい、人と話す時間をもらい、幸せな時間をもらったことに深謝。また、お礼に伺いたい。

それから、八重山（石垣）の嫁に迎え入れて、「火ぬ神《かん》」が見守る台所で沖縄の家庭料理を教えてくれた姑《はは》と舅《ちち》にもありがとうを。

そして、何より多大なる編集の労に、心から感謝。みなさま、本当にありがとうございました。

伊藤麻由子拝

２００９年4月吉日

うりずんの頃を迎えた沖縄より

伊藤麻由子
ルポライター、カメラマン。1964年、横浜生まれ。放送作家として活躍後、沖縄に移住。アフリカの自然をテーマにした写真作品で、「東京写真月間2004」の優秀賞を受賞。そのほか、ガラパゴス、パプアニューギニア、グアテマラなど、世界各地の撮影&レポートを重ねる。沖縄電力の広報誌に、7年にわたって沖縄の離島や伝統についての記事を連載中。本島・北谷町(ちゃたんちょう)在住。夫は書家の浦崎善隆。長女・梯梧(でいご)ちゃんのよき母でもある。

書・イラスト
書浪人・善隆
http://www.syoronin.com

装丁・レイアウト
原 玲子　石川亜紀(フレーズ)

人物撮影(帯)
中村あかね

印刷・製本所
図書印刷株式会社

沖縄の離島45　島のめぐみの食べある記

2009年6月1日 第1刷発行

写真・文　伊藤麻由子
発 行 者　小倉厚子
発 行 所　株式会社オレンジページ
〒162-8583 東京都新宿区西五軒町13－1
電話　03-5227-5823(ご意見ダイヤル)
03-5227-5803(編集部)
03-5227-5807(販売部)

ISBN978-4-87303-632-8